传世励志经典

科学高地的巨人夫妇

居里夫人与居里

【法】玛丽·居里（Marie Curie）　著　　刘冬梅　沛　垚　编译

中华工商联合出版社

图书在版编目（CIP）数据

科学高地的巨人夫妇：居里夫人与居里／（法）玛丽·居里著；刘冬梅，沛垚编译. --北京：中华工商联合出版社，2016. 9

ISBN 978-7-5158-1761-3

Ⅰ．①科… Ⅱ．①玛… ②刘… ③沛 Ⅲ．①居里（Curie，Pierre 1859－1906）一生平事迹②居里夫人（Curie，Marie 1867－1934）一生平事迹 Ⅳ．①K835. 656. 13

中国版本图书馆 CIP 数据核字（2016）第 205568 号

科学高地的巨人夫妇
——居里夫人与居里

作　　者：	【法】玛丽·居里（Marie Curie）
译　　者：	刘冬梅　沛　垚
出 品 人：	徐　潜
策划编辑：	魏鸿鸣
责任编辑：	林　立
封面设计：	周　源
营销总监：	曹　庆
营销推广：	万春生
责任审读：	郭敬梅
责任印制：	迈致红
出版发行：	中华工商联合出版社有限责任公司
印　　刷：	天津旭丰源印刷有限公司
版　　次：	2016 年 10 月第 1 版
印　　次：	2023 年 4 月第 4 次印刷
开　　本：	710mm×1020mm　1/16
字　　数：	150 千字
印　　张：	10.25
书　　号：	ISBN 978-7-5158-1761-3
定　　价：	39.80元

服务热线：010－58301130
销售热线：010－58302813
地址邮编：北京市西城区西环广场 A 座
　　　　　19－20 层，100044
http://www.chgslcbs.cn
E-mail：cicap1202@sina.com（营销中心）
E-mail：gslzbs@sina.com（总编室）

序

　　为了给《传世励志经典》写几句话，我翻阅了手边几种常见的古今中外圣贤大师关于人生的书，大致统计了一下，励志类的比例，确为首屈一指。其实古往今来，所有的成功者，他们的人生和他们所激赏的人生，不外是："有志者，事竟成。"

　　励志是动宾结构的词，励是磨砺，志是志向，放在一起就是磨砺志向。所以说，励志不是简单的立志，是要像把刀放在石头上磨才能锋利一样，这个磨砺，也不是轻而易举地摩擦一下，而是要下力气的，对刀来说，不仅要把自身的锈磨掉，还要把多余的部分毫不留情地磨掉，这简直是一场磨难。所有绚丽的人生都是用艰难磨砺成的，砥砺生命放光华。可见，励志至少有三层意思：

　　一是立志。国人都崇拜的一本书叫《易经》，那里面有一句话说："天行健，君子以自强不息。"这是一种天人合一的理念，它揭示了自然界和人类发展演化的基本规律，所以一切圣贤伟人无不遵循此道。当然，这里还有一个立什么样的志的问题，孔子说："士不可以不弘毅，任重而道远。"古往今来，凡志士仁人立的都是天下家国之志。李白说：大丈夫必有四方之志，白居易有诗曰：丈夫贵兼济，岂独善一身，讲的都是这个道理。

　　二是励志。有了志向不一定就能成事，《礼记》里说："玉不琢，不成器。"因为从理想到现实还有很大的距离。志向须在现实的困境中反复历练，不断考验才能变得坚韧弘毅，才能一步一个脚印地逐步实现。所以拿破仑说：真正之才智乃刚毅之志向。孟子则把天将降大任于斯人描述得如此艰难困苦。我们看看历代圣贤，从世界三大宗教的创始人耶稣、穆罕默德、释迦牟尼到孔夫子、司马迁、孙中山，直至各行各业的精英，哪一个不是历经磨难终成大业，哪一个不是砥砺生命放射出人生的光芒。

　　三是守志。无论立志还是励志都不是一朝一夕、一蹴而就的，它贯穿了人的一生，无论生命之火是绚丽还是暗淡，都将到它熄灭的最后一刻。所以真正的有志者，一方面存矢志不渝之德，另一方面有不为穷变节、不为贱易志之气。像孟子说的那样："富贵不能淫，贫贱不能移，威武不能屈。"明代有位首辅大臣叫刘吉，他说过：有志者立长志，无志者常立志，这话是很有道理的。

　　话说回来，励志并非粘贴在生命上的标签，而是融汇于人生中一点一滴的气蕴，最后成长为人的格调和气质，成就人生的梦想。不管你做哪一行，有志不论年少，无志空活百年。

　　这套《传世励志经典》共收辑了 100 部图书，包括传记、文集、选辑。为读者满足心灵的渴望，有的像心灵鸡汤，营养而鲜美；有的就是萝卜白菜或粗茶淡饭，却是生命之必需。无论直接或间接，先贤们的追求和感悟，一定会给我们带来生命的惊喜。

徐　潜

前　言

　　爱因斯坦曾说："在所有的世界名人当中，玛丽·居里是唯一没有被盛名宠坏的人。"

　　作为第一位进入科学院的法国女性，玛丽·居里当之无愧。

　　玛丽·居里，是一名伟大的学者，一个全心全意献身工作和为科学牺牲的伟大女性，一个无论在战争中还是在和平中始终带着责任感工作的爱国者，值得所有人敬仰。她一生的伟大贡献不仅仅是和丈夫皮埃尔·居里一起，在极其简陋、艰苦的条件下炼出了放射性物质——钋和镭。更重要的是，她虽然一生坎坷动荡，但她一生都在与命运做着不屈不挠的斗争。无论命运如何安排，她始终懂得用恬淡的心态去面对清贫，用卓越的努力去赢得光荣。

　　居里夫人是一位真正的科学家，她的精神值得每一位拥有伟大志向的人去追随。希望这本书的读者可以在居里精神的感染下，更加坚定自己的理想，向着自己伟大的志向一步步靠近。

最后，把居里夫人的一段话送给本书的读者：弱者坐待时机；强者制造时机。科学家的天职叫我们应当继续奋斗，彻底揭示自然界的奥秘，掌握这些奥秘以便能在将来造福人类。

目　录

居里夫人自传

Ⅰ 顽强的求学之路

　　我的一些美国朋友建议我把自己的生活经历写下来，对我来说，却有些难以接受，但几次拒绝之后，我还是被友人们说服了，写了这个简单的自传。然而我这一生中所有的感受，不可能在这本传记中全部表达出来，我经历的每一件事情，也不可能详细道来。况且这么多年，许多记忆都已经模糊了，并且越来越模糊，有时候居然认为当时经历的事情与我无关。还有一些时候，明明是自己亲身经历的事，提起笔来，却又变得很陌生。但这太正常了，人的一生，真正能影响和指引他沿着自己的主线往前走的，只是那些主要的思想和深刻的感受。要找到主线通常是很容易的。确定了主线，自然就会明白当事人为什么做出当时的选择，更会看出当事人的性格特点。

　　我叫玛丽·斯科洛多斯卡，祖籍波兰。我的父母都来自于波兰的小地主家庭，都是拥有着小产业的中产阶级。在波兰，像我父母这样的家庭比比皆是。这种家庭，在当时的社会上已经形成了一个阶层，相互之间有着千丝万缕的联系，就像蛛网一样。直到现在，很多知识分子都是源于这个阶层。

我的祖父是一所省立中学的校长，不忙的时候自己还干一些农活。我的父亲毕业于俄国圣彼得堡大学，在校时勤奋好学，毕业之后回到波兰，在华沙一所大学的预科学校任教，教授物理和数学两科。他后来与一位年轻有为的女子结为伴侣，这位女子就是我的母亲。当时我的母亲已经领导了一所女子学校了。他们都把自己的教育事业看作是极其崇高而庄严的事业，对待工作兢兢业业，尽职尽责，他们的学生遍布全国，每次我回波兰，总能碰见父母当年的一些学生，他们总要向我表达他们对我父母的感激之情。

虽然我的父母居住在城市，但他们一直与农村的亲戚们颇有往来。上学的时候，一到假期我就会去农村亲戚家住些时候，随着对农村的了解，我渐渐喜欢上了那里，喜欢上了那种放松惬意的生活。我对大自然的喜爱估计也源于此。

我出生于 1867 年 11 月 7 日，有四个姐姐和一个哥哥。不幸的是，大姐 14 岁的时候病逝了。我的母亲为此痛不欲生，继而患了不治之症，去世的时候年仅 42 岁，当时我才9 岁。全家都陷入了无比的悲痛中。

大姐的突然离去，成为我人生中最悲痛、最难过的事。从这以后，我经常会突然陷入莫名的悲伤沮丧中，想必也是和大姐的突然离去有很大关系。我母亲宽厚善良，性格温柔，并且博学多才，为人坦荡，因此，她在家中很有威信。虽然她和我父亲都是虔诚的天主教徒，但是她能包容一切，关于宗教，她向来不会把自己的观点强加给别人。我的母亲对我们这几个孩子的影响很大。就我自己来说，我深深地爱着我的母亲，不仅是因为她对我格外疼爱，更重要的是我对她的崇拜之情也把我和母亲紧紧地连在一起。

母亲去世以后，父亲悲恸欲绝，但他并没有消沉，他把所有的精力都放到了工作和对孩子的教育上。母亲过世后的很多年，家中一直像少了个主心骨，每个人都依然会觉得若有所失。

我们家里每个孩子都从很小就开始学习。我6岁上学，在班里最小，个子最矮，总是坐在第一排。每次只要有人来观摩或听课时，老师就把我叫到讲台上为大家朗读课文。我是个很腼腆的人，一到讲台上就紧张。我的父亲是一位很出色的教师，也很关心我们的学习，而且知道怎样辅导我们的学习，但是因为家里的经济有限，我们不得不由私立学校转到公立学校去读书。

当时的华沙是由俄国统治的，在这种统治下，最残酷的一方面就是学校和学生受到的严格控制和迫害，警方还会对波兰人办的私立学校进行监视，所有私立学校必须用俄语教学。因此，学生们从小就学俄语，母语反而说得不好。庆幸的是学校的老师都是波兰人，他们不甘受此迫害，总会想办法让学生们多学一些波兰语。这些私立学校是无权授予正式文凭的，只有公立学校才有这个权力。

当时所有的公立学校都是由俄国人控制的，他们妄图压制波兰人的民族觉醒意识。所有课程都由俄国人用俄语教授。这些俄国老师也仇视波兰民族，对待学生就像对待敌人一样。因为无法容忍对孩子的这种仇视态度，那些德高望重的老师是不会到这种学校工作的。学生在这种学校环境中学到的知识很让人怀疑，而这种环境对孩子们道德品质的影响也更让人担忧。在学校，学生长期处于严格的监视下，稍不留神说了一句波兰语，或者言语不当，就会受到严厉的处罚，甚至会牵连自己的家人。在这种环境下，孩子们哪里还有天真快乐可言。而另一方面，波兰青少年的爱国热情却也被这可怕的氛围彻底激发了出来。

外敌入侵加上丧母之痛，我的少年时期完全是在痛苦沉闷中度过的。当然，偶尔也会有一些开心的事情发生，比如亲朋好友的欢聚，会让我觉得当时的生活还有希望，至今那种相聚时的兴奋仍珍藏在我的记忆中。再比如，我酷爱文学的父亲。父亲会背很多波兰及外国的诗歌，他也会作诗赋词，还经常把很多优秀的外国诗篇译成波兰文。他还会把家庭琐事做成小短诗，常常让我们佩服至极。每个周末的夜晚，我们都会围在父亲身边，听他朗诵波兰著名的诗歌或者散文，其乐融融。我们的爱国主义情感就在不知不觉中增强了。

少年时，我就喜欢诗歌，而且可以背诵很多波兰著名诗人的大段诗篇，我最欣赏的是密兹凯维支、克拉辛斯基和斯洛瓦茨基这三位诗人。之后，当我开始学习外国文学时，这种爱好就更强烈了。我很早就开始学习法语、德语和俄语，并且能够阅读这些语言的书籍，后来又觉得英语很有用，就又开始学习英语，直到能够阅读英国文学作品。

我的母亲是个音乐家，她的声音很美，她总希望我们都能跟她学习一些音乐，但我对音乐却没感觉，始终没能开窍。母亲去世后，我勉强跟母亲学到的那点儿音乐知识也全慢慢地丢掉了，每每想到这些，总不免有些后悔。

中学时，我的数学和物理成绩颇佳。碰到问题就向我父亲请教。父亲热爱科学，在学校也是教这类课程的。他常常为我们讲解大自然的奥秘。可惜的是当时他没有实验室，不能进行实验。

假期是我最快乐的日子。我们会住到乡下亲戚家，那里没有警察的监视，可以无忧无虑、快快乐乐地过日子。我们在树林里追逐欢笑，在田间劳动，真是好不自在啊。有时候，我们也会越过边境爬到加利西亚山中，那里是由奥地利人统治的，他们比俄国人好一些。我们可以大声地讲波兰语，高唱爱国歌曲，永远不会担心被捕入狱。

因为从小生活在平原地区，所以第一次见到山峦感觉特别好。在美丽的喀尔巴阡山小村，放眼望去，层峦叠嶂，绵延起伏；低头俯视，山谷蜿蜒深邃，波光点点的湖水点缀其中，让人赏心悦目。这些湖泊都有自己别致动人的名字，如"海之眼"等。然而，我却从未忘怀我那一望无际的平原、开阔的视野和柔和的景色，这都让我永远眷恋。

后来，我随父亲一起到更南边的波多尼亚度假，在敖德萨第一次见到了大海，然后又去了波罗的海。那是一次美好的旅行。但是，直到去了法国，我才真正见识到了海洋汹涌澎湃、潮汐涌退的壮丽景象。在我的一生中，每当我看见大自然的新奇景象，我总会如孩童般欣喜若狂。

我们很快就都毕业了。所有的课程我们学起来都很轻松，即使是很费脑子的课程也应对自如。我哥哥从医学院毕业后成了华沙一家大医院的主任医师。我和姐姐们本来打算像父亲一样做一名教师。但是二姐改变了主意，她决定从医，在巴黎大学取得了医学博士的学位后，她嫁给了波兰内科大夫德鲁斯基。夫妇二人在奥属喀尔巴阡山区的一个美丽的地方开了一家大型疗养院。三姐在华沙嫁给了斯查莱先生，在学校勤勤恳恳地从事教育工作，波兰独立之后，她成了一所中学的校长。

我中学毕业的时候刚满 15 岁，成绩一直名列前茅。因为读书太过辛苦，身体一直不太好，父亲便要求我毕业后到农村去休息调整一年。之后我又回到华沙的父亲身边，我本想去一所中学任教，但因家境所迫，父亲又年事已高，身心俱疲，而他的收入又很微薄，所以我不得已改变了初衷，决定找一份待遇好一些的工作。17 岁那年，我找到了一份家庭教师的工作，便离开了家，开始在外地独自生活。

离开家时的情景我至今难忘。坐上火车，心情沉重。火车在一望无际的平原上飞驰，轰隆隆地带着我飞奔向远方，我的心里像吞了铅。几个小时的火车之后，还需要再乘坐 5 个小时的马车。我不知道等待我的将会是什么。

我去任教的那户人家的男主人是个农庄主。他的大女儿跟我的年龄差不多，在跟我学习的过程中成了我的朋友。这家还有一个男孩和一个女孩，我跟他们也相处得很好。每天上完课，我们一起出去散步。农村的生活并不让我寂寞；虽然这里的景色比不上我之前待过的农村，但是它却四季各异，我依然觉得快乐满足。更让我感兴趣的是这个庄园新的种植技术，这种技术是这个地区的先进典型，我慢慢弄懂了种植技术，并且一直关注谷物的生长状况。我还摸透了马厩里马匹的脾性。

冬天降临，雪覆盖在无垠的大地上，四处白皑皑的。有时候，我们会坐着雪橇在雪地上飞驰，甚至路都看不清楚，吓得我提醒驾雪橇的人："小心有沟！"驾雪橇的人却毫不在意地说："您正在向着河沟冲刺，别害怕哦！"话音未落，雪橇就翻了。不过，在雪地上翻倒不但不可怕，反而充满了乐趣。

我记得一年冬天，也是大雪纷飞的时候，我们在厚厚的雪地上堆起了一座形状怪异的雪屋，我们坐在雪屋里欣赏粉红色的草原。有时候，我们还会到封冻的河上溜冰，欢呼雀跃，我们甚至会害怕天气变暖，把我们的这种快乐带走了。

教课之余，只要时间充裕，我就会把村子里在俄国人统治下无法上学的孩子组成一个班，用波兰课本教他们读书认字。主人家的大女儿也会来帮我一起上课。孩子们的家长很感激我。但事实上，我也会承担很大的风险：我的这种义务办学，政府是禁止的，认为这不利于社会安定。所以，一旦被发现，很有可能就会被捕甚至是流放西伯利亚。

晚上的时间我一般都用来学习。当时的我并没有想过要往什么方向发展。我很喜欢文学和社会学，但在自学的时候，我慢慢发现我真正喜欢的还是物理和数学，因此就一点一点向这个方向发展，最后终于做出了决定，我要好好学习数学和物理，日后要到巴黎去求学。为此，我不仅做了学习上的准备，而且计划开始攒钱，以保证未来在巴黎的生活和学习之用。

自学的过程，困难很多，有些困难甚至是自己预想不到的。因为我在中学学习的东西很不完整，跟法国的中学没法比。所以，为了缩小差距，我选择了一些书籍来自修。这种方法虽然有些慢，却有些效果。除了学到了课本的知识外，我还养成了独立思考的习惯。

当我的二姐决定去巴黎学医时，我不得不更改了我的学习计划，因为家里的经济条件不允许我俩一起出国留学，因此我俩打算互相帮助，先后完成学业。如此一来，我就在农庄主家工作了三年半，直到他们家里的三个孩子全部完成学业。然后，我回到了华沙，找到了一份类似的工作。

新工作我干了一年，之后，父亲退休了，我跟他一起度过了一年幸福的时光。在这一年中，他写了一些文学作品，而我则用家教赚得的酬劳来贴补家用。在此期间，我一直抓紧时间学习。由于俄国人的统治，要在当时的华沙实现自己的梦想并非易事。但是比起在农村，在华沙的成功率应该更大一些。最令我振奋的是，我平生第一次可以走进一间实验室做实验：这是市政府所属的一个小实验室，我的一位堂兄是实验室的主任。除了每天晚上和星期天，其他时间我都可以在这个实验室里做一会儿实验，而且通常都是我一个人在做。我依照课本上的方法做各种各样的物理实验、化学实验，常常会获得意想不到的结果。每到这种时候，我就会为自己小小的成功而兴奋；但每当因为经验缺乏而失败时，我就非常的沮丧。成功的道路就是这样充满了坎坷，这也使我更加深信，我的资质决定我更适合研究物理和化学。

后来，我又找到了一份工作。我加入了华沙的一个学习团体，这个学习团体是由热衷于教育事业并且有着共同的学习愿望的波兰年轻人组织的，他们有一套自己独特的学习方法。这个团体带有一定的政治色彩，他要求他的成员要以服务社会、报效祖国为己任。在一次团体活动中，一位青年说："我们祖国的富强取决于人民的知识水平的提高和道德的加强，只有这样，我国在世界上的地位才能得到提高。而我们当前的首要任务就是要刻苦自学，并且尽力地向工人和农民普及知识。"大家因此商定：每天晚上向广大群众传授知识，每人讲自己擅长的内容。从这就可以看出，这个团体具有秘密结社的性质，所以团体中的每个人都要具备冒险精神。每个参加者都有着时刻准备为祖国牺牲自己的精神。我到现在依然坚信，这个团体的每个成员都必将为我们的祖国和社会做出积极的贡献。

当时我也加入了这个团体。我们互帮互助、互相切磋鼓励的情景，至今想起，仍令我无法忘怀。因为活动经费有限，我们的团体并没有取得很大的成绩，但是我至今依然深信，那时的追求和那时的各种活动，是促使波兰进步的唯一途径。

社会中的个人如果无法受到良好的教育，不具有良好的素质，是没有能力建立一个美好的社会的。为了这个美好的目的，每个人都有完善自己的必要，并且担负起自己的社会责任，全心全意投入到自己的本职工作中，尽最大的努力去帮助别人，这样，我们的社会才会越来越进步，越来越美好。

在这个团体中的经历更加坚定了我继续学习深造的决

心。我的父亲虽然经济条件不好，但是他爱女心切，他帮助我尽快实现了我的梦想。我姐姐在巴黎刚完婚，我就决定前往巴黎求学，和她住在一起。父亲和我都计划我学成后回国，我们依然在一起生活。但是，后来我在巴黎成家了，留在了那里，没有回到父亲身边。

我父亲年轻时候的梦想就是要从事科学研究工作，我后来在法国的成功，使远在波兰的父亲倍感欣慰，我替他圆了梦，因此，即使我们天各一方，他也是心情不错。我永远记得父亲对我那无私的爱。后来，父亲跟我的哥哥住在了一起，继续潜移默化地教育着儿孙辈。1902 年，他年过古稀时离世。

1891 年 11 月，那年我 24 岁，让我魂牵梦绕的夙愿终于实现了。我来到了巴黎，受到了姐姐、姐夫的热情欢迎，但我在他们家只住了几个月便搬出去了，因为他们为了工作方便住在巴黎郊外，可是那离我的学校太远了，为了节省时间来学习我需要住得离学校近一些。跟大多数波兰学生一样，我租了一间很小的房间，除了必要的家具外，其他什么都没有，我就这样度过了 4 年辛苦的学生生活。

这 4 年我在学习上取得的进步，不可能一一列出。我独自一人，毫无干扰地全身心投入到学习中。学业上的进步让我心满意足，高兴不已。但是日常生活却是相当艰难，因为自己的积蓄不多，亲人们也能力有限。事实上也并非只我一人，据我所知，许多波兰来的留学生都是如此。我住的是顶层的阁楼，冬天特别冷，取暖炉太小，还经常缺煤，屋子里怎么都烧不暖和，洗脸盆的水晚上经常结冰。为了睡得暖和一点，我把所有的衣服都压在被子上。我只有一盏酒精灯来做饭，除此以外什么都没有。为了节省时间和费用，我常常用一点点面包加一杯巧克力，再加几个鸡蛋和一个水果充饥。生活上所有的事情都是我独自处理，连取暖用的煤都是我自己搬到七楼。

在别人看来我的日子可能太过辛苦，但我却乐在其中，每天都埋头在书堆中感受学习的快乐。这段特殊的生活经历也让我充分享受到了自由与独立的可贵。在偌大的巴黎，我无声无息地独自生活在自己狭小的天地。虽然身居陋室，无所依靠，但我并没有因此而消沉，也并没有觉得自己凄惨。当然，偶尔，一种孤独的感觉会突然涌上来，但因为我在精神上很满足，所以我的情绪从来没有过太大的起伏，那种孤独的情绪也会转瞬即逝。

我把所有的精力都放在学习上，尤其是在刚开始自学的时候，困难重重。我以前的基础知识很差，虽然来巴黎之前做了一些功课，但也很不充分，跟法国同学相比还有很大的差距，特别是数学的差距更大，所以我不得不付出更多的辛苦去弥补这个差距。白天我所有的时间都是在教室、实验室和图书馆里度过的，晚上则一个人在阁楼里继续钻研，经常学到深夜都不想放手。每当我学到了新的知识，我整个人都会兴奋起来。科学奥秘就像另一个全新的世界一点一点呈现在我面前，我可以自由地学习它，掌握它，这些真的让我太开心了！

在巴黎与同学们的和睦相处也给我留下了美好的印象。刚到巴黎时，因为人生地不熟，所以我基本是沉默寡言的状态，但不久我就发现身边的同学不仅热爱学习，而且待人都很亲切，于是我开始慢慢加入他们的行列，与他们一起讨论学习上的问题，这更增加了我对学习的兴趣。

我所在的那个系里没有其他的波兰学生，但我与一个波兰侨民小团体关系很密切。我常常参加他们的聚会，他们会在一个很简陋的小屋里讨论祖国波兰的各种问题，而我也可以大胆地在此抒发对祖国的思念之情。有时候他们也会组织大家一起外出散步，或者参加公众集会，对政治有着极大的热情。但第一学年快要结束的时候，我不得不离开这个小团体，因为我要把全部的精力都放在学习上，只有这样，我才能尽快完成学业。学校放假，我依然在抓紧时间补习我的数学。

后来当我的姐夫谈及我艰苦学习的那几年时，开玩笑地说那是"我小姨子一生中最英勇顽强的时期"。我自己也一直认为这段艰苦奋斗的日子是我一生中最值得回忆的美好时期。整个学习期间，我只身一人，没日没夜地刻苦钻研，终于具备了进行科学研究的能力。

1894 年，我与皮埃尔·居里初识。那天我的一位同胞、弗利堡大学教师邀请我去他家做客，同时还邀请了一位年轻的物理学家，他对这位物理学家非常熟悉，也非常欣赏。当我走进同胞家的客厅时，一眼看到了那个年轻人。他站在朝着阳台的一扇窗户前，好似镶嵌到窗户玻璃上的一幅画。他身材修长，红棕色的头发，大大的眼睛清澈明亮。神态飘逸，表情深沉又温柔。一眼看去，就像一个沉浸在自己的思绪当中的梦幻者。他对我表现出来的态度真诚而质朴，好像对我有些好感。这次见面之后，他表示希望以后还能再见面，继续一起探讨社会和科学等问题。在这些问题上，我俩有着相似的看法，很谈得来。

之后，他来我的学生公寓拜访过我，慢慢地，我们就成了好朋友。他向我讲述了他每天的工作内容、他的研究方向，以及他献身科学的愿望与决心。不久之后，他便对我大胆表白，希望与我共度一生，一起实现追寻科学的梦想。我迟迟无法答复他，一直很犹豫，因为如果这样，我就得永远离开自己的祖国和家人。

假期一到，我就回到了波兰，当时还没有决定要不要留在巴黎。但是那年秋天，为了准备博士论文，我又回到了巴黎，走进巴黎大学的一所物理实验室，开始进行实验研究。

这次，我又见到了皮埃尔·居里。因为科研的需要，我与他接触越来越频繁，关系也越来越密切。慢慢地，我们彼此都发现，除了对方我们再也找不到更合适的伴侣了。于是，我们于 1895 年 7 月举行了婚礼。

当时，皮埃尔·居里刚刚获得博士学位，并受聘于巴黎物理和化学学校。这一年，他 36 岁，已经是国内外很有名气的物理学家了。他把所有的心思都投到了科学研究中，很少在意自己的职位、待遇等问题，所以他的经济状况很一般。结婚前，他与他的父母生活在一起，居住在巴黎郊区的苏城。他很孝顺，我记得他第一次跟我谈及他的父母时，用的是"慈父慈母"这个词。事实上，他没有夸大其词。他的父亲是一位很有造诣的物理学家，为人宽容大度，性格刚强；他的母亲善良贤惠，一生相夫教子，从无怨言。皮埃尔·居里的哥哥是蒙彼利埃大学的教授，皮埃尔对哥哥十分尊敬，兄弟二人感情很深。能进入到这样一个家庭，我觉得我很幸运，而我也受到了这家人的热情欢迎。

我们的婚礼一切从简。只邀请了为数不多的亲朋好友。我父亲和姐姐也从波兰过来，这让我非常高兴。我和皮埃尔都没有特意去购置结婚礼服。

我俩没有什么奢望，只要有个安静的地方供我们居住和工作就好了。很幸运地我们找到了一个三居室，窗户外面就是一座美丽的花园。老人们为我们添置了一些家具。我的一位亲戚给了我一份喜钱，我们用这份喜钱买了两辆自行车，这样我们就可以出去远游了。

Ⅱ 艰难的研究生活

结婚对我来说，意味着一种新生活的开始，与前几年独自奋斗的生活相比简直是天壤之别。我与丈夫志趣相投，共同的追求和共同的工作性质把我们紧紧地联系在一起，我们几乎很少分开，所以我手里只有皮埃尔写给我的很少的几封信。皮埃尔在教学之余，几乎所有的时间都用于做实验，我也获准与他一起在实验室工作。

我们就住在学校附近，来去的路上很节省时间。由于收入很少，所以我们要花不少时间来做家务，尤其是做饭。但是这样就会影响我们的学习和研究，要解决生活和工作上的矛盾不是一件简单的事。不过我还算能干，勉强能处理好。我们的小家庭生活没有被这些琐碎的家务影响，这是最让我开心的，日子过得温馨而平静。

我在实验室工作的同时，还要学习少量的课程，因为我要参加教师资格考试，以便今后能在女子中学任教。在数月的努力之后，1896年8月，我以第一名的成绩顺利通过了考试。

工作之余，我们主要的消遣方式就是散步或者骑自行车去野外郊游。皮埃尔特别喜欢户外活动，对森林里的动植物有着极大的兴趣。巴黎附近的每座森林几乎都留下了他的脚印。我一直很喜欢农村，所以我们经常一起活动。而这种郊游的方式对我们最大的好处，就是能使我们的大脑在高强度的工作之后得到充分的休息，也能使我们紧张的心情得到放松。每次郊游回来，我们还会带回几束香气扑鼻的野花。有时候也会兴致高涨得忘了时间，玩到深夜才回家。我们约好定期去探望皮埃尔父母，他们为我们收拾出了一个独立的房间。

放假的时候，我们会骑上自行车跑到更远的地方去。我们的足迹踏遍了奥弗涅和塞樊纳山区，以及海边的许多地方。我们非常喜欢出去远游一整天，每天晚上总要找一个新鲜的地方休息。如果在同一个地方待时间长了，皮埃尔就会想着回实验室去干活。有一年的假期，我们一起去了趟喀尔巴阡山区看望我的家人，在这次远行中，皮埃尔还学会了几句波兰话。

当然，在我们的生活中，最重要的还是科学研究。皮埃尔对待自己教授的课程非常认真。我有时候也会帮他收集一些资料。在帮他收集资料的过程中，我也会有所收获。

　　当时，皮埃尔还没有自己的个人实验室。学校的实验室是无法满足他的研究需要的。为此，我把一个没有什么用处的角落当作"实验角"。地方虽然很小，但是却可以随时使用。我也就此悟出了一个道理：一个人在条件不如意的情况下，仍然可以创造条件愉快地工作。这个时期，皮埃尔忙于晶体的研究，而我则在研究钢的磁性。一八九七年我的这项研究一结束就发表了研究报告。

　　这一年，我们的爱情结晶——女儿艾莱娜出世了，我们的生活也开始发生了变化。几个星期之后，皮埃尔的母亲去世了。我们就在巴黎的郊区租了一个有花园的房子，把他的父亲接过来跟我们同住。皮埃尔生前，我们一直与他的父亲生活在一起。

　　女儿的到来，也带来了更严重的问题：怎样既能哺育照顾女儿，又不放弃科学研究呢？对我来说，放弃科学研究将是巨大的痛苦，皮埃尔也觉得我不应该放弃，而且他从来没有这么想过。他常说：上帝特意为他造就了一个这么优秀的妻子，就是要让我与他分享一切的。我们俩谁都没有想过要放弃我们热爱的科学研究工作。

　　接下来，我们不得不雇一个女佣了，但女儿的一切琐事还是我亲自照料。当我去实验室工作时，女儿就由爷爷来照看。爷爷非常疼爱小孙女，自从有了小孙女他的生活也多了无尽的欢乐。家人之间的相亲相爱，让我在安心做科学研究的同时也没有耽误对女儿的照顾。我们的生活一直很规律，除非碰到特殊情况，比如女儿生病，我因为需要整宿整宿地照看她，生活才会被打乱。由于我们一直以事业为重，不想受到外界事物的干扰，所以我们的朋友很少。偶尔有一两位与我们比较熟悉的科学家来访，我们也只是在客厅或花园里聊聊天，我还通常边聊天边为女儿做些针线活。亲戚中，只有皮埃尔的哥哥一直与我们来往密切，至于我的娘家亲戚，由于离得太远，所以很少走动。我的姐姐姐夫当时也已经回到波兰去创业了。

正是在这种简单平静的生活方式下我们才能够完成一生中伟大的事业。我们的科学研究事业自一八九七年开始，就从未中断过。

我决定开始写博士论文了。当时，亨利·贝克莱尔正在做稀有金属铀盐的实验。这个有趣的实验引起了我的注意。当贝克莱尔把铀盐用不透光的黑纸密封之后放在照相底片上，发现底片会被感光，仿佛受到阳光照射一般。贝克莱尔认为，底片之所以被感光，是因为铀盐能放射出一种射线，这种射线与日光不同，它能穿透不透光的黑纸。此外，贝克莱尔还通过实验证明这种射线能让验电器放电。

刚开始贝克莱尔错以为铀盐之所以会产生射线是因为铀盐曾经在日光下暴晒，但后来他发现铀盐在黑暗中存放几个月后，仍然可以发出这种新发现的射线。

皮埃尔和我都对这种新发现的射线产生了极大的兴趣，并开始对它的性质进行研究。要想研究这种新射线，首先要对它做精确的定量测量。于是我便利用验电器发电的特性进行测量，不过我没有像贝克莱尔一样使用普通的验电器，而是使用了一种能做出定量测量的设备。我当初用来测量的这些设备的模型，现在陈列在美国费城医学院。

没过多久，我们的实验获得了一个有趣的结果：这种射线的放射现象实际上是铀元素的原子特性之一，而与铀盐的物理性质和化学性质无关。铀盐当中，所含铀元素越多，它放出的射线就越强。

接下来我又想进一步弄清楚，是不是还有其他的元素也像铀元素一样可以放出射线。很快我就发现，钍元素也具有这样的特性。正当我准备对铀和钍的放射性做进一步研究的时候，又发现了一个很有意思的情况。

我曾经有机会用放射性方法检验过一定数量的矿石。如果这些矿石能够产生相同的射线的话，那就可以确定他们含有铀或钍。如果这些矿石的放射强度与矿石所含的铀或钍的成分成正比的话，就更可以确定铀或钍的存在。但事实却并非如此，有些矿石放出的放射性强度是铀的三四倍。我对这个结果进行了反复的核查，最后认定这个结果是千真万确的。于是，我开始对这个现象进行仔细的分析，最后得出的解释：这种矿石中含有一种未知的元素，它的放射性远超过铀或钍。皮埃尔对我的分析结果也表示赞同，于是我便期待能够尽快发现这一未知元素。我深信，只要我和皮埃尔同心协力，一定可以成功。随着研究的深入，我们慢慢走上了一条通往新科学的大道，这也是我们始料未及的，而且自此，我再也没有离开过这条新的科学之路。

一开始，我并没有期待这种矿石能含有大量的新元素，因为它已经被人反复地研究过了。我最初的猜测是，这种矿石中包含的新元素含量不会超过百万分之一。但是随着研究的深入，我们发现我还是高估了它的含量，事实上新元素的含量要远远小于百万分之一。这就更说明这种新元素的放射性极强。如果一开始我们就知道这种元素的含量微乎其微的话，真不知道我们还是否有决心坚持下去，因为我们的设备很差，经费又不足。现在想起来，幸亏不知道难度有多大，所以我们才有这么大的决心。虽然真正干起来以后困难重重，但研究成果却在不断地显现，所以我们的干劲儿也就大增，不再想那些困难了。经过几年辛勤的努力，我们终于把这种新元素分离了出来，它就是今天大家知道的镭。接下来，我把我们的研究和发现它的情况简略地介绍一下：

刚开始研究时，我们并不了解这种未知元素的任何化学性质，只知道它有很强的放射性，于是我们就紧紧抓住这唯一的线索，穷追不舍。首先是设法从圣约阿希姆斯塔尔运来铀沥青矿，对它进行研究。除了利用常用的化学分析方法外，我们还用皮埃尔发明的精密计电器，对不同部位的放射性进行精确的测量（这种方法今天已经成为一种新的化学分析法的基础）。后来，这种方法逐渐地被加以改善，为许多人所采用，而且他们借此方法又发现了其他几种放射性元素。

工作了几个星期后，我们便深信我们的预测是正确的，因为那个未知的新元素的放射性在有规律地增强。几个月之后，我们便从铀沥青中分离出一种与铋混合在一起的元素，其放射性远远超过铀元素，这种新元素具有明确的化学性质。1898 年 7 月，我们宣布了这种新元素的存在，并把它命名为钋，以此纪念我的祖国波兰。

在发现钋的同时，我们还发现从铀沥青矿里分离出来的钡盐中含有另一种未知的元素。我们接着又紧张地工作了几个月，分离出来了第二种新元素，后来我们发现它比钋更为重要。1898 年 12 月，我们宣布了这一发现，把这种新元素命名为镭。

尽管我们已经确定了这两种新的元素的存在，但仍然有许多实际的工作需要我们做。因为我们只是利用放射性的特性在铋盐和钡盐中发现了含量极少的新元素，现在需要把它以纯元素的形式分离出来。我们为此立即展开更深入地研究工作。

但是，这项工作并不容易，因为我们的设备条件太差，而且还需要有大量的原矿供我们进行化学分析。我们既没有钱来购买原矿，也没有可用来做实验的实验室，更没有助手，一切都需要我们自己从头开始。当年在巴黎的早期学习时期被姐夫称为我一生中最英勇顽强的时期，那么我与皮埃尔一起从事这项研究的时期，则是我俩共同生活中最伟大英明的时期。

从之前的试验中我们知道，圣约阿希姆斯塔尔炼铀厂冶炼后的铀沥青矿废渣里含有镭元素。该工厂属于奥地利管辖，我们想办法得到了获准，可以无偿得到这些废渣。废渣倒不值钱，但难的是我们怎么把它们弄到巴黎。几经周折，我们把这些混着松枝的褐色废渣顺利地运到了我们实验室的门前，那一刻，我真的高兴得要跳起来了。后来，我们发现这一袋袋的废渣的放射性比原矿还要强，真是惊喜不已。这些废渣原来是堆放在工厂外面的松树林里的，没有经过任何的处理，对我们来说，真是极好的运气。后来，奥地利政府应维也纳科学院的要求，又允许我们以极低的价格购买了好几吨这种废渣。我们从实验室分离出来的镭，全是来自这些废渣。后来，我收到的一位美国女性朋友赠送的镭是用其他矿石提炼出来的。

物理和化学学校并没有为我们提供合适的实验场地，但幸运的是，校长为我们提供了一间之前进行解剖教学用的废弃的木棚。木棚顶上有一个很大的玻璃天窗，但因为已经有了多处裂痕，雨天会漏雨。木棚里夏天潮湿闷热，冬天阴冷难耐。虽然我们生着炉子，但只有火炉旁边有点热气。此外，我们还需要自己花钱购置一切必需的仪器设备。木棚里面，除了一张破旧的松木桌和几个炉台、汽灯，什么都没有。做化学实验的时候，经常会产生有毒气体，很刺鼻，我们就把这种实验移到院子里去做，即便如此，有毒气体还是会钻到木棚里。我们就是在这样艰苦恶劣的条件下，拼命地工作着。

尽管如此，我们都觉得在这个简陋的木棚里度过的那段日子，是我们一生中最美好最快乐的时光。有时候，为了不中断实验，我们便在木棚里随便做点儿吃的，充充饥便可。有时候，我得用一根跟我体重差不多的大铁棒去搅动沸腾着的沥青铀矿，傍晚工作结束之后，我浑身累得跟散了架一样，连话都懒得说。有时候，我还得研究精密的结晶。进行分离工作，必须待在灰尘四起的屋里。灰尘会影响浓缩镭的程序，分离出来的东西不好保存，这让我很苦恼。但是唯一让我满意的是，没有人来打扰，我们可以安安静静地做我们的实验。每当实验进行得很顺利，能亲眼看到实验结果慢慢诞生的时候，我们就会特别激动，说不出的欢欣鼓舞。但有的时候，如果工作了半天还看不到成效，沮丧失望便会缠绕我们。但这种情绪不会困扰我们很久，很快我们便会去考虑新的设想和新的方法了。工作间歇，我俩会一边在木棚里走来走去，一边探讨正在做的实验，那种愉快的心情是很难形容的。

有时候半夜，我们也会跑到木棚里去工作，这也是让我们很高兴的事。我们可以在玻璃瓶或玻璃管里看到我们提炼分离出来的宝贝在散发着淡淡的光彩，真是美丽极了。它们仿佛闪烁着奇光异彩一般，宛若神话中神灯的光芒，这让我们既惊喜又振奋。

连续几个月，除了短暂的假期之外，我们从未中断过实验。我们的研究越来越清楚地提醒我们，我们在一步步走向成功，因此，我们也越来越有信心。再后来，我们的研究工作慢慢地受到了更多人的关注。我们不仅能够买到更多的废渣，还可以在工厂里进行初步的提炼，这样，我们就有更多的时间去做精确的分离工作了。

在这一阶段，我专门负责提炼纯净的镭，而皮埃尔则专心研究新元素发射出来的射线的物理性质。直到我们用掉了一吨的铀沥青矿渣之后，才得到了最终的结果：在含镭最丰富的矿石中，一吨的原矿石所含的镭还不到几分克。

最后，我们分离出来的物质终于显示出它应具有的性质。这种元素具有与其他元素完全不同的光谱。我们还能确定它的原子量远远大于钡。这些结果是我们在 1902 年确定的。当时我们提炼出来一分克极纯净的氯化镭。就这样，确定镭是一种独立元素的必要证据就全部掌握了。这项工作花费了我们四年的时间，而事实上，如果设备齐全、资金充足的话，可能一年就可以完成了。我们孜孜不倦地寻求到的结果，奠定了放射性这门新学科的基础。

几年之后，我又提炼出了几分克绝对纯净的镭盐，并且很精确地测定出了它的原子量。在这之后，我又提炼出纯金属镭。但是，镭及其性质正式确定的年份是 1902 年。

在做研究的这几年，我跟丈夫把全部的心血都用在了工作中，与此同时，我们的社会地位也悄悄改变了。1900年，日内瓦大学想聘请皮埃尔当教授，同时，巴黎大学也发来邀请，聘请他为副教授，而我也被聘为位于塞弗尔的女子高等师范学校的教授，所以我们没有去日内瓦，而是选择留在了巴黎。

　　我在女子高等师范学校工作得很愉快，我总是鼓励学生们到实验室去实际操作实验，提高她们的动手能力。这所学校的学生都是 20 岁左右的女生，都是经过严格的考试录取进来的，入学以后，必须要努力学习才能通过考试，也只有取得了优异的成绩才能成为中学老师。学生们都很勤奋好学，作为老师，我也很乐意尽全力教好她们学习物理。

　　但是，自从我们的研究结果被公布之后，我们的知名度越来越高，导致实验室的宁静被打破了，慢慢地，我们的研究工作也受到了干扰。

　　1903 年，我完成了博士论文，并获得了博士学位。年末，我和皮埃尔及贝莱尔因为发现放射性和放射性元素而共同获得了诺贝尔物理学奖。获奖之后，报纸杂志大加颂扬，导致我们很长一段时间都没法安静地工作。因为每天都有人上门拜访，还有人请我们去做报告、向我们约稿。

　　获得诺贝尔奖是我们的殊荣。而且，奖金数额很高，这对我们今后的研究工作大有裨益。唯一不足的是，长期的辛苦工作让我们都筋疲力尽，两个人常常会体力不支，所以颁奖时我们都没能前往斯德哥尔摩去领奖和发表演讲。直到1905年，我们才去瑞典首都，由皮埃尔做了接受诺贝尔奖的演讲。我们在瑞典受到了当地人民热情的欢迎。

工作的辛苦已经让我们倍感疲惫，但是现在，由于媒体对我们的争相报道导致家里的探访者不断，更让我们疲于应对。我们最初平静、规律的生活被打破了，工作和生活都受到了很大影响。我之前就说过，我们不能受到任何外界的影响，只有这样，我们才能继续我们正常的生活和科研工作。虽然来访的人是好意，但是他们却不知道他们的到来会给我们带来怎样的困扰。

1904年，我们的第二个女儿艾娃·德尼斯诞生了，我只好暂停实验工作。这一年，由于诺贝尔奖的获得，以及社会上的赞扬之声四起，巴黎大学终于聘请皮埃尔担任新开设的一个讲座的教授，而且还为他专门弄了一个实验室，任命我为实验室主任。当然，这个实验室不是新建的，而是把一间闲置的房间腾出来让我们使用而已。

1906年，正当我们准备告别陪伴我们多年并且承载了我们无限快乐的那座木棚的时候，一场突如其来的灾难降临在我们头上，我的皮埃尔被夺走了，留下我一个人带着孩子们继续我们共同的事业。我失去了我人生中最亲密的伴侣和最好的朋友，这对我的打击简直无法言表。

我几乎处于精神崩溃的边缘，我觉得我完全丧失了面对未来的勇气，但是，皮埃尔的一句话却一直铭记在我心里："即使我不在了，你也必须继续干下去。"

皮埃尔的不幸离开正是他的名字和成就为人所了解的时候，所以在社会上，尤其是科学界，大家都深感惋惜，谁都认为这是一个国家的巨大损失。之后，巴黎科学教育界让我接任皮埃尔担任了一年半的讲座教席。这可以说是没有先例的，因为在这之前，这种教席从来没有女性担任过。巴黎大学的这个决定，让我感到非常荣幸，我也得以继续原来的研究，否则，我恐怕早就放弃了。我本来从没想过要当什么讲座教席，我除了只想为科学事业奋斗终生外，没有任何其他的愿望。在我悲恸欲绝的时候让我担任皮埃尔曾经担任的职务，不禁让我悲从中来。我不确定自己能否胜任，反复考虑之后，我决定试试。于是，从1906年秋天开始，我以副教授身份开始在巴黎大学讲课。两年后，我成为正教授。

失去皮埃尔之后，我生活上的困难又加大了。以前我和皮埃尔共同承担的事情，现在都开始由我一人来承担。我需要独自抚养两个女儿，皮埃尔的父亲继续住在我那里，他主动提出要帮我分担家庭的重担。他很乐意帮我照看两个孙女，丧子之痛过后，两个孙女是他唯一的安慰了。在他的帮助下，两个女儿才享受到了家庭的欢乐。我们的悲痛从来不在孩子面前表现出来，她们还太小，我们不想让她们过早地体味到人生的酸楚无奈。皮埃尔的父亲喜欢田园生活，所以我们去苏城租了一个带花园的房子，那里离巴黎城里很近，也就半个小时的路程。

田园生活好处很多，不仅我公公可以安度晚年，两个女儿也可以经常去田间玩耍。因为我白天要上班，无法在家，所以请了一个保姆。先请了一个我的表亲，后来又换了一个很淳朴的女子，我姐姐的一个女儿也是这个女子带大的。这两个保姆都是波兰人，所以我的女儿们都会说波兰语。我的波兰亲戚们也常常来看望我，通常都是我放假了才让他们过来，我们有时相约在法国海滨，有一次我还和他们一起在波兰山区待了一段时间。

1910 年，我敬爱的公公因病去世，我伤心悲痛了很久。在他生病期间，我尽可能地多抽出时间在病床前陪伴他，听他讲过去的事情。当时，我的大女儿已经 12 岁了，她对爷爷的去世尤其悲痛，她已经懂得了爷爷的疼爱，所以她无法忘怀与爷爷在一起的快乐时光。

苏城没有太好的学校。小女儿年纪还小，她更需要有利于身心健康的生活环境，比如做游戏啊，散步啊，早期教育什么的。她小小年纪就已经表现出活泼聪明的特点，尤其喜欢音乐。而大女儿则有点儿像父亲，不太活泼，智力上反应也比较迟钝，但理解能力和推理能力很强，这似乎很像我和皮埃尔，非常适合搞科学研究。但我并不想让她去中学读书，因为我一直觉得中学的课程过于繁重，上课时间太长了，并不利于青少年的健康。

我始终认为对孩子的教育应该因材施教。而且，还应该让孩子多学习文艺知识。可是大多数的学校都把绝大多数时间安排在了读书和作业上，繁重的课业负担压得学生喘不过来气。而且，学校里设置的大部分理科课程都与实践脱节。

大学里一些朋友也很认同我的这些观点，于是我们便组织了一个互助合作小组，共同负责对我们的子女进行一种新式的教育。我们商定，每人负责一门指定课程。虽然大家工作很忙，孩子们年龄也不等，但是我们热情高涨，对这项教育改革的实验有着很大的兴趣。我们设置了很少的课时，每个课时里把理科和文科有机地结合起来，效果很好；而且所有的理科课程都安排了实验，孩子们的兴趣也很高。

孩子们在我们的这种新式教育下学习了两年，大多数孩子都有了收获，长进不少，尤其是我的艾莱娜。在这种学习之后，她竟能插进巴黎一所中学的高年级班里，并且各门功课都通过了考试，最后以低于其他学生的年龄进入巴黎大学，学习理科专业。二女儿艾娃没有接受我们的这种新式的教育，但后来也进入了一所学校。她刚开始只是选择了一部分课程来学习，后来才转成正式学生，学习所有的课程，她的学习成绩很好，我还算满意。

我很注重两个女儿的身体健康，除了平时出去散散步，我还让她们多做体操运动。在法国，女孩子这方面的训练很少。我要求两个女儿每天都要做柔软体操，还常常带她们去山里或海边度假，所以她们游泳、划船样样都会。远足、骑车更是不在话下。

当然，除了照顾两个孩子，我大部分时间仍然是在做科学研究。有些女人总在问我是怎么处理好这两者的关系的。这确实是一件很难做到的事，必须要有坚强不屈的精神，而且还要做出很大的牺牲。我与两个长大成人的女儿感情一直很好。其实，在家庭生活中，互相体谅、相互尊重是最重要的，否则，彼此之间是无法相处愉快的，我自己也不可能拥有充沛的精力。我和女儿们之间从来不会说互相伤害的话，做任何事都会考虑彼此的感受。

1906 年，在接替皮埃尔巴黎大学的教席时，我的那间实验室不仅小，而且设备短缺。皮埃尔在世的时候，一些科学家和学生总来帮助他一起工作，我接任之后，他们仍然过来继续帮助我，正是由于他们的鼎力相助我才能够继续研究下去，才有机会取得了满意的成果。

1907 年，我得到了安德鲁·卡耐基先生的友情赞助。他为我的实验室捐赠了一笔资金作为研究之用，让这些有所成就的科学家和学生能够安心地搞研究。这种赞助意义重大，它能帮助那些有志于科学研究而且又具备研究才能的研究人员完成自己的心愿，避免了研究的中断。为了科学研究事业，我们应该多多地设置这种奖金。

我当时的奋斗目标就是要竭尽所能提炼出几分克极其纯净的氯化镭。1907 年，我测出了镭元素的原子量，1910

年，我终于提炼出了纯净的金属镭。这种提炼和测定的过程非常精密，需要特别小心。我的成功，还要得益于一位著名化学家的帮助。成功之后，我没有继续重复这一实验，因为这个实验过程存在着丧失镭元素的风险。而要想避免这种风险的发生，就必须极其小心极其谨慎地操作。我终于见到了这神奇而美妙的白色金属，但我不能只让它处在观赏状态，还有许多实验在等着它的加入。

很遗憾，我一直未能将钋元素分离、提炼出来，因为它在原矿中的含量比镭还要少。还好，我的实验室里有一些含钋丰富的物质，可以用来做各种重要的实验。其中，钋放射时产生的氦气对实验尤为重要。

此外，我还专门把实验室里的各种测量方法做了很好的改造。我之前说过，镭的发现，是精密的测量起到了至关重要的作用。因此，我想进一步提高测量方法的精密度，这样很有可能会获得新发现。

我研究出了一个非常有效的方法，用镭产生的射气来测定镭的含量。我们用这种方法测出了一毫克的千分之一左右的极微量的镭，测量结果十分准确。对于含量稍微多一些的，我们就用镭射线中具有较强穿透力的 γ 射线来进行测量。我的实验室里有这种设备，利用这种设备测量出来的结果比用天平测量还要快速精确。不过，要使用这种新方法，首先要有一个经过严格推论确定的新标准。

镭的测量方法必须要建立在可靠的基础之上，这样才能作为实验和科学研究的标准进行使用。除此之外，还有一个更加紧迫的原因：镭在现代医学中的应用日益迫切，所以如何控制它的用量及镭射线的纯净程度都是亟待解决的大事。

在法国，针对镭对生物的各种影响已经做过初步的实验，效果很好。实验时所用的镭就是我的实验室提供的。那时候，皮埃尔还在，实验的结果让大家都无比兴奋，之后，一个全新的医疗分支——镭疗法（在法国称为"居里疗法"）最先在法国诞生了，随后其他国家也陆续使用起来。随着镭的需求量与日俱增，很多制镭工业也飞速发展起来了。第一家工厂在法国率先成立，而且发展得非常好。之后其他国家也相继办起了制镭工厂，其中最大的一家就建在美国，因为美国蕴藏着含镭丰富的钒钾铀矿，从这种矿中提炼镭是很容易的。制镭工业的这种迅猛发展，让镭治疗技术也有了相应的提升空间。这种治疗方法对一些疾病具有很好的疗效，尤其是针对癌症。鉴于这点，在很多大城市里，一些专门用这种方法治疗疾病的专科医院也随之而生，有的医院甚至还存有数克的镭。镭的价格达到了七万美元一克，这么昂贵的价格就是因为原矿中镭的含量微乎其微，其提炼成本太高，售价自然就居高不下。

我们当初也没有预料到，我们的这一发现会对社会有这么大的贡献。不仅可以用于科学研究，还可以治疗严重的疾病。相信大家一定体会到了我此刻欣慰激动的心情了。

这是对皮埃尔和我多年辛勤拼搏给予的最大的回报。

要想在医疗方面成功地使用好镭，镭的用量必须准确无误。因此，镭的度量在工业、医药、科研上都是极其关键的。

基于此，各个国家的科学家成立了一个委员会，全体成员一致同意制定一个国际标准，大家一起遵循。制定这个标准的方法是，先用精确的方法测定出一些极纯净的镭盐，用它当作基本标准，然后再把这些镭盐的放射性与基本标准进行比对，作为副标准，以便各国的使用。我受委员会的委托，负责制定这个基本标准。

这个工作要求极度精准，不得有一点马虎。被称量的氯化镭只有 27 毫克，由于重量太轻，称量时必须十分准确。1911 年，我成功地制定了这个基本标准。这个基本标准就是一个数厘米长的玻璃管，里面装着纯净的镭盐，经委员会研究决定之后，存放在巴黎附近的塞弗尔国际度量衡标准局。委员会还在这个基本标准之上制备了几个副标准，并且已经投入了使用。在法国，凡是存有镭的玻璃管，其标准的鉴定都是我的实验室完成的。在美国，则是由标准局负责的。

1910 年，我被提名授予法国荣誉骑士勋章。以前也出现过类似的提名，是授予皮埃尔的，但是他不接受任何荣誉，所以拒绝了。我的原则与皮埃尔是一致的，我也不想违背皮埃尔的意愿，所以尽管内政部多次要求，但我仍然拒绝了。同时，身边的同事还劝我申请成为巴黎科学院院士。皮埃尔去世前几个月被选为院士，我也一直在犹豫是否也申请成为院士。按照科学院的规定，如果要申请成为院士，必须拜访巴黎的所有院士，这让我很不情愿；但是如果我成为院士，我的实验室就会获得资助。出于这个考虑，我还是决定参加院士的竞选。我的这个举动引起了全社会的关注。大家针对科学院是否应该接收女院士进行了激烈的辩论，一些老院士还是坚决反对接纳女院士。最后，进行了投票选举，我以几票之差落选。之后，我就不再去申请了。因为我最讨厌的就是去求人帮忙。我认为，这种评选本是应该按照申请人的贡献来衡量的，根本不应该靠拉关系。比如一些协会和团体，我并没有向他们提出任何申请，他们就主动把我收为会员了。

1911 年年底，由于劳心伤神的事情太多，我终于体力不支，病倒了，这次病得可不轻。也就是在这时候，诺贝尔奖又一次降临到了我头上，而且是授予我自己的。这对我来说的的确确是一份无比的荣耀，更是对我发现的新元素和对镭的提炼及分离工作的最大的肯定。所以，虽然我有病在身，但仍然决定亲自去斯德哥尔摩领奖。是二姐和女儿艾莱娜陪我一起去的。颁奖仪式很是隆重，不亚于接待国家元首的阵容，让我大为激动。在斯德哥尔摩，我受到了热烈的欢迎，尤其是瑞典妇女的热情招待，让我很感动。因为之前的病还没有痊愈，再加上旅途劳累，回到法国我就一病不起，在床上一躺就是数月。由于病情有些严重，再加上考虑到两个女儿的教育，我们决定把住所从苏城搬到巴黎市内。

1912 年，我与几个人合伙，在华沙建起了一所镭实验室。这是华沙科学院下属的一个实验室，我被聘为主任，参与指导工作。当时，我身体不太好，无法离开法国回到波兰，但我很乐意为实验室的研究工作尽自己的微薄之力。1913 年，我的身体状况有了些好转，便马上回到波兰参加了实验室的揭幕仪式。祖国人民对我的热情迎接让我无比激动。我深深地感觉到，波兰人民在祖国如此艰难的时候，还能以巨大的热情来为祖国的科学事业做贡献，实在是很了不起。祖国人民这种伟大的爱国精神是我永远都无法忘怀的。

我的身体刚有些好转，便开始马不停蹄地奔走，我要在巴黎创建一个更好的实验室。功夫不负苦心人，我的努力有了收获。我理想的实验室终于在 1912 年开始动工。巴斯德研究院表示很希望与我的新实验室合作，经巴黎大学的同意，成立了镭研所，它包括两个实验室：一个是物理实验室，专门研究放射性元素的物理和化学性质；另一个是生物实验室，专门研究放射性在生物医学上的应用。但是，由于经费有限，所以工程进展很慢，直到 1914 年世界大战爆发，实验室还没有竣工。

Ⅲ 无私的奉献

1914年暑假，跟往年一样，我的两个女儿跟着家庭教师，先离开了巴黎，住在布列塔尼海滨度假屋。我很信赖这位家庭教师，所以很放心地把女儿们交给他。我的同事的几位家属也跟她们住在一起，因为工作太忙，我很少能跟女儿们一起度过整个假期。

我本打算7月底去海边陪伴女儿，但是坏消息一直不断，很快就要有军事行动，所以我没去成布列塔尼。在这种紧张的气氛下，我无法离开巴黎，我需要留下来等待事态的发展。不久，国家颁布了总动员令。8月1日，德国对法国宣战。除了我和一位有严重心脏病的技师之外，实验室其余的工作人员全被应征入伍。

之后的历史事件大家都应该知道。1914年8月、9月份，巴黎人民表现出的那种临危不惧的英勇气概，让每一个留在巴黎的人都不无动容。总动员令迅速地传遍法国各地，每个法国人都争先恐后地奔赴前线，保卫自己的祖国。那段时间，我每天都焦急地盼望前线传来的消息。但是，先是传回来的消息模糊不清，后来传回来的消息又让人感到事态越来越危险。起初，比利时的军民浴血奋战，但终未能抵挡住德国军队，比利时遭到了侵略。随即，德军进入乌瓦兹峡谷，直逼巴黎。不久，就有传言说法国政府要南迁波尔多，许多巴黎市民也随之南下，他们应该是惧怕巴黎被侵占后所面临的危险。有钱的市民纷纷坐火车逃往外省。火车里挤得全是人。但是总的来说，巴黎市民在面对灾难时候所表现出来的镇定和坚强还是让我很难忘怀的。1914 年 8 月底到 9 月初的这段时间，天气突然变得十分明朗。蔚蓝的天空下，巴黎那些历史性建筑物看上去更加雄伟壮丽了，让人感到格外的宝贵。

德军一天天向巴黎逼近，时间紧迫，为了以防万一，我把实验室里的镭全都存放到了安全的地方。按照政府指令，我把这些镭护送到了波尔多，我乘坐的是护送政府工作人员和行李物品的专列。车窗外，逃难的人混乱不堪，他们都在想办法逃离巴黎，寻找避难所。把镭安全送到之后我便立即从波尔多返回了巴黎。

抵达波尔多时已是傍晚。保护镭的铅皮箱子实在是太沉了，我根本提不动。只能站在站台上等人来接。等了很久人还没来，我实在着急的不行，还好跟我同车的一位政府工作人员看没人来接我，于是就帮我把箱子搬到了一户人家，请他们为我腾出一间房间，因为所有的旅馆都满员了，我只能在这家度过一个晚上。第二天早上，我找到了一个更可靠的住所，把箱子藏好，办理了相应的存放手续，然后乘坐军列返回了巴黎。在波尔多的时候，跟一些当地人聊天，他们也想通过我知道关于当前局势的一些确切的消息。当他们知道我还要返回巴黎的时候，竟然充满了惊讶和敬佩，让我哭笑不得。

回巴黎的一路上，列车走走停停，有时候一停就是好几个小时，真让人着急。同车的军人们都带着干粮，我什么都没准备，他们看我饿得厉害，就分给我一些充饥。等我到达巴黎的时候，听说德军已经改变了进攻方向，马恩河战役已经开始了。

在这场战役期间，我和所有的巴黎市民一样，时而欢欣鼓舞，时而忧愁沮丧。最让我担心的是，如果德国人占领了巴黎，我将与我的女儿很长时间不能相见。尽管如此，我仍然决定忠于职守，不离开巴黎半步。

马恩河战役法军胜利，巴黎也保住了，于是，我准备让女儿们回来。虽然许多巴黎市民认为外省还是更安全一些，但是我的女儿们却毅然勇敢地回到了巴黎，回到了我的身边。因为她们不愿意中断学业，更不想离我那么远。

国家兴亡，匹夫有责。政府没有对大学教师员工做任何强制性要求，但是大家全部自动自发地开始为国家分忧解难，我也开始利用自己的专长，结合自己的知识，为国家贡献自己的最大力量。

1914 年，战况一时一变，看得出法国对这场战争并没做好充分的准备。尤其是对伤员的救护工作、组织管理明显不到位，顿时舆论哗然。而我对这方面工作却格外关心，我觉得自己非常适合救护工作，于是立即行动起来。自此一直到战争结束，我便一心扑在了救护工作上。具体工作内容就是组建医疗队和为部队医院组织 X 射线检查。我把自己的实验室搬到了镭研所的新楼里，尽可能多地为学生授课。同时，我还一直在考察、研究与军事相关的一些事情。

大家都知道 X 射线对检查病情会有很大的帮助，特别是在战争年代，它可以帮助医生来确定弹片在体内的确切位置。而且，它可以显示出骨骼和体内器官损伤的情况，医生可以通过这个来检查病人的内伤恢复的情况。这种设备挽救了无数伤员的生命，也减轻了病人的痛苦，缩短了他们的康复时间，甚至让他们免予残疾。

战争刚开始的时候，军队里所有的医疗单位都没有 X 射线的医疗设备，也没有相关的技术人员，其实即使是在地方，也只有几所大医院有 X 射线设备，而且 X 射线技师也是不多见的。

为了解决设备和技术人员的严重短缺，我立即把实验室和贮藏室里所有的设备集中到一起，在 1914 年 8 月、9

月期间，建立起了几个 X 射线医疗站，由我培训过的志愿者来进行操作。在马恩河战役中，这几个医疗站发挥了很大的作用。但是，这些设备和人员毕竟还是有限的，根本没有办法满足全巴黎所有医院的需求。后来，在红十字会的配合下，我在一辆敞篷车里安装了一台设备齐全的 X 光设备和一台发电机，这样，一台普通的敞篷车就改装成了一辆可以流动的 X 光透视车。汽车的发动机带动车里的发电机发电，为 X 光设备提供电力。最方便的是，这辆流动车哪里都可以去，哪家医院有需要，流动车就开到哪里。医院里经常接收危急病人和重伤员，而这些伤员又不能转送，在这种情况下，这种医疗车的作用就更大了。

基于流动车这种巨大的作用，它的需求量也逐渐增大，而且这种需求十分紧迫，所以我提出了增加流动 X 光医疗车的计划。在一个名为"全国伤病员救护会"的机构的帮助下，我的这个庞大的计划很快得到了落实。我在法国和比利时之间的战区及法国的其他地区，共创建了两百多个 X 射线医疗站，改装成功了二十辆流动的 X 光医疗车，供军队急需。这些流动车都来自于社会各界人士的捐赠，更有些有识之士捐赠了整套的 X 光设备。这些捐赠无疑对抢救伤员有着很大的帮助。

因为军队的救护单位缺少 X 光设备，所以私人捐赠的车辆和设备，对在战争中发挥了很大的作用。卫生部意识到这种设备的重要性之后，便开始进行大规模的生产。但因为当时的需求量实在太大了，所以这种民众的合作仍然不可缺少。一直到战争结束后的几年内，这种合作一直都存在。

如果我当初没有亲眼看到各个医院和救护站的情况，我就不会知道他们会有那么大的需求，更不可能切切实实地完成这项工作。红十字会给予我帮助，卫生部也作了批示，我才能够到战区和法国各地去进行考察，才能够到北部战区和比利时军队驻防区的救护站进行考察。我去了亚眠、加来、敦克尔刻、弗尔内和波普林格，还有凡尔登、南锡、吕纳维尔、贝尔福、贡比涅和维耶柯特莱。因为当地人员缺乏，工作又繁重，所以我常常在这些远离战区的救护站帮忙。救护站的工作人员对我给予他们的帮助特别感动，后来还给我写过一些感谢信，我至今都还珍藏着。

每一次，当救护站的医生向我寻求帮助时，我都会驾驶着我自己的装有 X 光设备的流动车前去支援。除了帮助伤员们检查身体，我还会询问一下当地的急需物品，等到我返回巴黎，我会尽最大的努力为他们解决。战区救护站会使用 X 光设备的人很少，所以我需要带领一些技术人员对他们进行培训。几天的训练结束后，他们能够掌握操作规程，在训练的同时也完成了对伤员的检查。在培训之前，很多医生并不了解 X 光设备的好处，等培训完成，他们彻底认识了这种设备的妙用，而同时，我与他们的关系也变得更加紧密了。

　　我开车去过几次外地的救护站，大女儿艾莱娜和我一起去的。当时她17岁，正在巴黎大学就读。她也有着很强的爱国之心，很积极地在战地服务。她跟着我学会了很多看护知识和技术，还学会了X光拍片技术，是我一名很得力的小助手。弗尔内和伊普尔之间的战区、亚眠都留下过她的身影，她在这些地方的救护工作很出色，战后还得到了嘉奖。

　　战争中的救护工作，让我和女儿都印象深刻。在去往各个救护站的途中，你会遇到完全想象不到的困难。不知道还能不能继续行进，不知道到哪里住宿，不知道到哪里吃饭，一切都是未知的。但是因为我们的勇气和坚定的信念，以及我们的好运气，所有的困难都被我们克服了。我总会开着我的那辆X光流动车上路，当时没有专职的司机，所以通常都是我亲自开车。虽然身体很疲惫，但是所有的事情都是我亲力亲为，我心里反而很踏实，仪器设备的运送也会更快一些。军事长官对我为战地所做的这些贡献大加赞扬，尤其佩服我对紧急情况的反应能力。

　　我和女儿只要一回忆起当时在各个救护站间奔波的情形，总会有一种兴奋激荡的情绪涌上心头。每个救护站和医院中的女性也格外能吃苦，甚至不怕牺牲，我跟女儿对她们不仅充满了钦佩之情，而且还以她们为榜样，鞭策自己，鼓励自己。正是有着这种共同的感受，我们与她们相处的就像亲人一样，互相关心帮助，每项任务都完成得很漂亮。

我们在为比利时救护队服务的时候，比利时阿尔贝国王和伊丽莎白王后经常来看望我们。国王和王后很和蔼，尤其是对伤员的那种关切的态度，让我印象太深刻了。

当然，最让我感动和钦佩的还是伤员们的坚强。在我们给他们做治疗的时候，他们强忍着疼痛，一声不吭。每当我们为他们拍片子、做透视的时候，我们都尽可能地轻轻地慢慢地挪动他们的身体，以减少他们的痛苦。与伤员相处久了，我们有时候也会与他们做一些简单的交谈，并借机表达我们对他们的敬意。我们也会为那些不需要做透视的伤员解答他们的疑惑，比如：这些设备的作用、对人体的影响等。这些年里，每每救护车把伤员从前线拉回来，亲眼看到那些血淋淋的画面，除了对这些青壮年战士的同情，我们更多的是对战争的憎恨。重伤员奄奄一息，伤势不致命的，也得经受多年的病痛折磨之后才能慢慢康复。

其实当时最困扰我的一个问题，是怎样才能找到一个训练有素的助手来帮助我使用 X 光拍片设备。因为当时这种拍片技术很稀有，所有拥有这种知识的人很少。而且对这种设备不太熟悉的人使用的话，机器很容易被损坏，这样会影响机器的使用寿命。在战争时期，大多数医院里操作这种设备的人通常你无法要求他们有太多的医学知识，识字、动手能力强一些的人，再稍微懂点儿电机知识，便可以上岗了。如果是大学老师，或者是工程师、大学生，通常稍加训练就可以成为合格的操作员。但是，在战争时期，唯有临时免服兵役的人，或者在我工作的地方常住的人，才可以为我当助手。而且，即使是有这样的人，也说不准哪天就被应征入伍了，如此一来，我又得重新寻找助手。

鉴于此，我就开始另辟出路，想办法培养一些女性助手。我向卫生部建议，在当时刚刚成立的伊迪，卡维尔医院的附属卫校增设一个 X 光照相科。建议获批后，1916 年雷研所开始对这个科室进行组织培训。战争期间，共一百五十名女子接受了培训。她们刚刚进入培训队的时候，一般都只有初级教育水平，但是她们都很努力，成绩都非常不错。每天的课程计划里除了基本理论和一些实习之外，还有一些解剖知识。从培训队出来的女子，最后都成了非常优秀的 X 光照相师，多次得到卫生部的褒奖。课程结业后，她们通常能够成为医护助手，当然，也有一些人已经完全具备了独立工作的能力。

战争中的救护工作，让我对医疗检查这项工作积累了更加丰富的知识和经验。我觉得应该让每一个人都了解这项知识，于是，我编写了一本手册《放射学与战争》。我写这本书，是想证实并让大家明白 X 光照相技术对医疗工作的价值，而且我在书中将 X 光在战争期间得到的发展与在和平时期的用途做了详细的比较和说明。

接下来，我就谈一下镭在治疗疾病中的作用，以及镭研所创办时的情况。

1915 年，存放在波尔多的镭运回了巴黎。因为当时我已经没有额外的时间去做科学研究了，所以我便专注于用镭来医治伤员。在治疗的过程中，我们有一个原则，那就是不能把宝贵的镭用尽了。治疗时我们使用的不是镭本身，而是镭的射气。把这种射气收集到一定的数量后，就交给救护中心使用。用镭射气进行治疗的一般都是大医院，使用方法也各不相同，但是与直接用镭元素进行治疗相比要方便很多，也实用很多。当时在法国，还没有国立的镭疗养院，各医院也没有可供使用的镭射气。

我向卫生部建议，由镭研所向各大医院提供镭射气，以供各单位使用。我的建议得到了批准，镭射气服务便从 1916 年开始实行，直到战争结束。因为当时没有助手，所以，所有的镭射线都是我自己制备的。很多伤员和生病的百姓都在镭射气的帮助下得到了康复。

巴黎遭到空袭之后，卫生部就格外重视对制备镭射气的实验室的保护，防止遭到轰炸。制备镭射气玻璃管就必须要和镭打交道，这本身就具有一定的危险性，所以还要想办法保护工作人员，防止受到射线的伤害（我有几次就是因为不小心受到了射线的照射而浑身不舒服）。

战争期间，除了我本职的医疗救护工作，我还是做了一些其他的事情的。

1918 年的夏天，德国总攻失败后，我接受意大利政府的邀请，去意大利考察放射性矿藏的拥有量。在意大利的一个月里，我收获了满意的结果，意大利政府也因此开始关注这一问题。

1915 年，我的实验室搬到了皮埃尔·居里街新建的大楼。因为没有经费和人员，搬迁的时候困难重重。我只能开着自己那辆装备着 X 光设备的车，把实验室的仪器，一趟一趟地搬到新址去。全部搬过去之后，我还要把所有的仪器进行分类、整理。当时，只有大女儿和技师来给我帮忙。

我喜欢在实验室的周围留一点点空地，这样我就可以种上一些树。我一直觉得，每到春天或者夏天的时候，一抬头，能够看到窗外树木郁郁葱葱，地上绿草如茵，这样，即使是在实验室工作，心情也会突然舒畅起来。我把能种上树的地方都种上了菩提树、枫树，还开辟了几个小花圃，种满了玫瑰。犹记得德国轰炸巴黎的第一天，我正在花圃里栽种刚刚买来的花，突然几发炮弹就落在了附近，把我吓了一大跳，当时的情景至今想起来我仍然浑身颤抖。

战后，部队士兵开始复员了，我们的实验室也基本准备好了。1919 年到 1920 年开学时，我们就可以让学生入学了，我由衷地感到欣慰。1919 年春天，我在实验室专门为美国军人办了一个培训班，由艾莱娜对培训班的学员进行辅导。这些军人学得非常认真。

同大多数的人一样，在战争期间的日子，是我一生中最身心疲惫的日子，除了在两个女儿放假的时候去探望她们休息一两天，我一直没有假期。大女儿爱莱娜是个从不肯休息的孩子，但我担心她的健康，有时会强迫她休息几天。那个时候，她一边在巴黎读大学，一边帮我做各种救护工作。二女儿艾娃当时在读高中。巴黎遭受轰炸那年，她俩谁都不肯离开巴黎去避难。

战争持续了 4 年，造成了毁灭性的破坏，这是我们人类的浩劫。1918 年秋，两国终于签订了停战协议。然而，真正的和平并未完全到来。战争结束了，但是战争带来的种种破坏，是无法一下子消失的。人们的生活仍然是水深火热，战争前的宁静与轻松很难再现了。

以无数生命为代价换来的胜利，唯一让我们欣慰的就是我们的祖国在几百年的奴役和压迫之后，终于获得了自由与独立。我在有生之年能等到这一天，实在是无法抑制的激动。长年处于压迫下的波兰人民，始终坚持着自己的民族精神，波兰人民的斗争精神永存，今天的自由是波兰人民的骄傲。在举国欢庆的时刻，我回到了华沙，见到了分别多年的亲人朋友。华沙当时已经成为波兰共和国的首都。但是，重建一个共和国是何等困难啊，别的且不说，单是各个政治力量的重新整合就要面临很多不可预料的困难。

法国满目疮痍，大伤元气，人口骤减。战争之后的重建工作，只能是慢慢恢复。我的镭研所及其他的实验室也难逃这样的命运。

战争期间建立的一部分 X 射线医疗组织将继续存在，X 射线医学卫校在卫生部的坚持下也被保留住了。镭射气的供应工作不仅没有中断，而且开始扩大供应的规模。不过战后，这项工作交由巴斯德实验室主任瑞戈博士负责了，之后，竟发展成了全国性的大型镭治疗事业。

我的实验室重新整合之后，研究工作也开始慢慢走上正轨，但因为国家财政困难，想要有更突破的发展实属不易。我认为最为紧迫的是要建一个镭疗医院。巴黎的郊区还需要建立一个实验分所，方便对大量的原矿石进行实验工作，提高我们对放射性元素的认识。

随着年龄的增长，我的精力也大不如前了。虽然政府开始提供资助，也经常会有一些个人给予捐赠，但是，我不知道自己还能不能为小辈们建起一座镭学研究院。这样，既想完成皮埃尔的遗愿，又可以为人类谋幸福。

很幸运，1921 年，我得到了一个帮助。美国一位很慷慨的女性 W. B. 梅乐内夫人，发动全美国的妇女开始捐款，成立了"玛丽·居里基金会"，她们把捐来的钱买了一克镭送给我，让我用作科学研究。梅乐内夫人还邀请我和女儿们去美国游览，并邀请美国总统在白宫亲自为我颁发礼物和证书。

美国妇女朋友对我的深厚情谊我将终生难忘。在美国期间的记忆也让我至今记忆犹新。在白宫的欢迎会上，哈定总统发表了真诚恳切、充满热情的发言。随后，在去各个大学进行参观时，同学们热烈的场面太让我感动，很多院校还授予了我名誉学位。在公众集会中，大家都争着跟我握手，向我祝贺，那种热情的场面至今仍历历在目。

那一次，我们还游览了尼亚加拉大瀑布和科罗拉多大峡谷，遗憾的是，我身体不好，实在没能完成来之前的旅行计划，不过，这短短的行程，让我也确实长了见识，学了很多东西。我的两个女儿看到自己的母亲的研究成果受到这么多人的尊重和欣赏，她们也格外自豪。六月底，我们与美国友人告别，真不知道今生还能否有机会再见。

回到研究所之后，我便开始用美国友人赠送的那一克镭开始了研究工作。两国人民之间的友谊让我们对自己的工作更加勇敢和乐观。但是要完成预定的工作目标，在经济方面仍然存在很大的困难。而面对这种困难，我开始思考一个问题：一个科学家面对新的科学发现时应该持有什么样的态度呢？

皮埃尔和我一贯都是拒绝通过自己的科学发现来获取物质利益的。正因为这样，我们才能够不假思索地把提取镭的方法公之于众。既没有申请专利，也没有向利用这项技术牟利的企业提出任何利益要求。我们详细地公布了复杂的提炼和制取方法。正是由于我们迅速且详细地介绍了这种复杂的技术，镭工业才得以迅速地发展。到现在为止，制镭工业中所运用的方法仍然是我们当时指定的。提炼过程中采用的矿石处理和部分结晶法，也都是我们当时在实验室采用的方法。仅仅只是现在使用的仪器设备有所改进而已。

皮埃尔和我把制取的镭全部贡献给了实验室。由于矿物中镭的含量极少，所以价格就极其昂贵，关键它还可以治疗疾患，因此，镭工业获利不菲。如果我们不是自动放弃了这些利益和财富，儿孙们都会成为富翁了。我们当时并没有考虑这些，一些好友提醒我们，让我们考虑一下。他们告诉我们：如果我们争取到这些本该属于我们的权益的话，我们就不会像现在这样困难重重，而是早就有足够的财力建立一座设备先进齐全的镭研所了。确实如此。不过，我仍然觉得皮埃尔和我的决定和行为是最正确的。

人类拼命工作，获得自己应得的利益是天经地义的，但是人类中也仍然存在一些理想主义者，他们追求精神的崇高境界，不在乎物质利益，更没有物质享受的可能。但是，我认为，我们的社会应该为这些理想主义者提供必要的科研经费和生活的必要保证，这样，他们才能够心无旁骛地钻研自己的科研事业。

Ⅳ 愉快的美国之行

在上一章中，我提到了愉快的美国之行。邀请我的梅乐内夫人是一家有名的刊物《反光灯》的主编，她赠予我的那一克镭，意义就在于它来自美国妇女界。

美国的妇女先是组成了一个募捐委员会，成员包括美国妇女界的知名人士和一些有声望的科学家。先是募集到几笔大一点的捐款，然后再号召广大妇女积极捐赠。这个号召很快就得到了很多美国妇女团体的响应，各个大学和俱乐部也纷纷踊跃捐赠。而且，有些捐赠者是镭治疗的康复者。很快，捐款就达到了十多万美元，然后募捐委员会就用这笔钱为我买了一克镭。

这趟美国之行，从旅途到迎接，再到庆贺大会、欢迎仪式，委员会都为我做了精心安排。

美国人做事雷厉风行，仪式场面格外宏大。他们还为我安排了长途旅行，但我实在不习惯这种远足。他们虽然看不出我的不适，但是他们对我的照顾却是无微不至。在美国，我不但受到了热烈的欢迎，而且还交到了一些很真诚的朋友，我该怎样感谢他们才好呢？

邮轮驶入纽约港，我们看到了码头上大批的学生、女童子军和波兰人代表在恭候我们。我接受了他们的鲜花，随后，我们便被接到一个清净的住所休息。第二天，卡耐基夫人在她的寓所为我们接风洗尘。期间，我结识了一些委员会的成员。卡耐基夫人的家中陈列着她的丈夫安德鲁·卡耐基先生的一些遗物。卡耐基的慈善事业举世闻名，在法国也有着很好的名声。第三天，我们去参观史密斯学院和瓦萨尔学院，到那里坐火车需要好几个小时。之后，我们又去参观了布莱思·莫尔、韦尔斯利等学院。

这些高等院校最能反映美国人的生活和文化。可惜时间太短，参观也只是走马观花，无法评价美国的教育。但是即便是这粗略的观察，我还是看到了美国人与法国人在女子教育观念上的不同。有两点最深体会：一是美国人十分重视学生的身体健康和体育锻炼；二是美国学生可以更加自由地发展个性，学校里有很多社团。但是这些在法国是不受重视的。

美国每所大学的建筑都很壮观。通常是教学大楼屹立在空旷的场地中央，每座大楼中间绿树环绕，草地茵茵。史密斯学院坐落在一条幽静的小河旁边。校舍明亮，让人感觉很舒适。还有设施齐全的浴室，冷热水使用特别方便。学生公寓整洁有序，还设置了可以学生聚会的大厅。各种体育锻炼场地应有尽有，游泳、骑马，自由选择。学校的医务室还能够保障学生们的健康。美国的妈妈们普遍认为，只有这种安静的校园环境对孩子的教育才是最有力的。

每所学院都有女学生组织学生会，学生会委员由大家选举产生。学生会可以拟定学生在校内应该遵守哪些规则，可以从事一些社会上的公益活动。还可以自己编印刊物，可以自编自拍节目在校内外演出，我就对他们的演出十分感兴趣。这些学生虽然出身不同，有富家子弟，也有靠奖学金维持生活的，但是学生会里人人平等，是没有高低之分的。我在校园里碰到了几个法国学生，他们告诉我他们在美国的学习和生活非常好。

美国的学生全部都是四年制，大大小小的考试接连不断。有的学生四年学业结束后，继续做研究，争取博士学位。美国的每所学院都有自己的实验室，而且有着很先进的仪器设备。

给我印象最深刻的，就是学院的女大学生，她们有朝气，有活力。如果有欢迎会等活动，比如这次我来学院参观，她们就会很积极地参加。虽然当时对我的欢迎会有点儿半军事化，但女大学生的精神状态、她们演唱歌曲时的昂扬，以及她们穿过草坪向我欢呼而来的情形，至今让我想起都难以忘怀。

返回纽约后，我还参加了其他几场欢迎会：化学学会的午餐会、自然历史博物馆和冶金矿业学会的欢迎会、社科研究院的晚宴，以及卡耐基大会堂的欢迎大会。这些活动中，各界名流包括一些妇女界在内都发表了热情激昂的演讲，并为我授予了各种头衔和奖状。这些荣誉，包含了他们对我的友情，所以我十分珍惜。国家与民族间的友谊通常都是被人们津津乐道的。副总统柯立芝也做了致辞，他对那些在美利坚合众国创立的过程中给予了无限帮助的法国和波兰的人民表达了最真挚的感谢，并且表示，这种友谊将地久天长。

同年 5 月 20 日，白宫为我举办了隆重的欢迎仪式。到会的有总统哈定夫妇，还有国务院各部门的要员、高级法院法官、三军高级将领、各国驻美使馆的官员和各位社会名流。虽然仪式很短，但是却充满了亲切的气氛。整个活动形式很民主。仪式开始，先是由法国驻美大使儒塞朗先生致辞，然后，梅乐内夫人代表妇女同胞讲话，之后，哈定总统演说。最后，我用简短的发言来表达我的谢意。发言结束，各位来宾依次与我握手对我表示祝贺。在会议的最后，我们集体合影留念。

5 月的白宫更显庄严。阳光明媚的午后，天高云淡，绿草如茵，白宫的四周被一座座建筑环绕着，在草坪的映衬下更显得洁白神圣。在这个地方接受人民对我的祝贺与敬意，让我感到无法言喻的光荣，使我终生难忘。

　　每个人的致辞都让我激动不已。尤其是当总统代表美国人民向法国人民与波兰人民表达了深深的谢意时，我真切地感受到了他的浓烈情谊。

　　美国人对于造福人类的事情总是会马上给予肯定与赞赏。镭的发现之所以受到如此大的重视，不仅是因为镭本身的科学价值和它对于医学的特殊作用，更为重要的是，镭的发现人员这种不以此牟取私利，毫无保留地把镭贡献给人类的宝贵精神让美国人感到由衷的钦佩。

　　庆祝仪式结束之后，我在华盛顿停留了几日。参加了法国使馆、波兰使馆和国家博物馆的欢迎会，还参观了几座实验室。

　　之后，我离开华盛顿，前往费城、匹兹堡、芝加哥、布法罗、波士顿和纽黑文等地进行访问，游览了大峡谷和尼亚加拉大瀑布。在这些城市停留的时候，我受到了很多大学的盛情邀请——哈佛大学、宾夕法尼亚大学、匹兹堡大学、芝加哥大学、西北大学、哥伦比亚大学、耶鲁大学、宾夕法尼亚女子医学院、史密斯学院、韦尔斯利学院，我应邀前往参观，并接受了他们赠予我的名誉学位。我对他们所给予的好意表示了感谢。

　　美国的大学通常在授予名誉学位时都会举行隆重的仪式。而这种仪式通常是与每年的毕业典礼同时举行的，而这次，有几所大学则是破例为我单独举办了授予仪式。相对于法国的大学而言，这种庆典活动在美国会更多一些，而且他们是美国大学里重要的活动之一。每年一次的毕业典礼十分隆重，学校的老师和毕业生都要穿着学位袍、戴着学位帽在校园里列队游行，之后走进礼堂，由校长宣读获得学士、硕士、博士学位的学生名单。在热情高涨的奏乐声中，学生们走上讲台接受学位证的授予。最后，学校的教师代表会做一番慷慨激昂的演讲，宣扬教育带给人类的财富。演讲中他们很善于加入一些美国人特有的幽默感。这种仪式是很容易让人感动的，它联系着学校与每位学员的情感。

我很荣幸地代表巴黎大学出席了耶鲁大学的第十四任校长恩格尔的就职典礼；在麻省出席了美国哲学学会和医师协会的会议；在芝加哥参加了美国化学学会年会，并就镭的发现做了报告。在这些会议中，我被授予了斯科特奖章、富兰克林奖章和吉布斯奖章。

美国妇女联合会也为我组织了很多场欢迎会，纽约各大学的妇女在卡耐基大会堂为我举办了欢迎会，还有芝加哥的波兰妇女协会、布法罗的加尔大大学妇女组织都为我举办了各种各样的欢迎仪式，我深深地感受到了她们的热情。她们坚信，女性在未来的科学事业和其他各种事业中，都会发挥越来越大的作用。在美国，女性的这种看法得到了男性的充分肯定和鼓励。美国女性在教育事业、卫生事业和增加待遇等方面的社会活动，都得到了社会各界的重视。除此之外，妇女界在美国的其他公益事业方面也表现出了很高的积极性。梅乐内夫人对我的支持与资助之所以可以顺利实现，也得益于美国各阶层妇女的热情赞助。

此次美国之行，唯一遗憾的就是我没能抽出时间去参观美国的各个实验室和科学研究所。但是即使是在仅有的几次实验室参观活动中，我发现，美国人很重视科学事业的发展，实验室里的仪器设备设置也都力求全面。一些新实验室正在修建，而老旧实验室里的仪器设备也全部是新的。每一个实验室都是宽敞明亮的，法国的实验室完全没有办法与之相提并论。在美国，有一个全国研究会，是专门负责在科学研究和工业生产之间搭建桥梁的，用以促进科学研究的发展，而这种研究会却是由私人捐赠建立而成的。在参观实验室期间，我非常荣幸地见到了一些非常有名的美国科学家，我们进行了很愉快的交谈，这也成为我此次访美旅行中最开心的事情。

特别想提的是，我在华盛顿参观了标准局。这是全国性的科学计量及相关研究的重要机构。美国妇女界赠送我的镭，分装在几只玻璃管中后，就陈列在这里。标准局的工作人员还为这些镭做了计量，妥善包装好后才送到了我乘坐的邮轮上。

美国专门成立了几所镭疗医院，医院里有成形的实验室，专门负责提炼镭射气，然后将之封固在玻璃管中，以备患者使用。这些医院里存储着不少的镭，医疗条件也非常棒，很多患者都在镭疗中恢复了健康。参观结束，我的心中却泛起了丝丝遗憾，法国至今没有一所国立医院可以做到这种程度，所以镭疗的应用远不及美国。我希望这个差距可以尽快缩小。

镭工业起源于法国，但是却在美国得到了飞速的发展。因为美国有着大量的含镭铀矿供应（最近在比属刚果发现了一个铀矿，所以在安菲尔斯特建起了一座大型制镭工厂）。这次赴美之旅，我也参观了美国最大的制镭工厂，颇为震撼。我更为工作人员的创新精神感动。工厂一直保存着一些胶片，这些胶片记录的是科罗拉多州广阔的工地上工人们采矿的真实情景，以及从这些矿石中提炼镭的全过程。他们所采用的提炼方法和程序正是我们在实验室采用的方法。

在这些镭工厂参观的时候，工厂的工作人员对我很是热情。尤其是在参观炼制钍的工厂时，他们还送给我少量的新钍，工厂负责人也主动表示在科研方面可以给予我帮助。

为了准确地描写出我的美国之行的感受，我想介绍一下美国的风土人情，但是千回百转，我发现这是很难的一件事情。美国幅员辽阔，各地有各地的风土人情，要想全部展现出来实在是绝非一本书可以尽数的。所以我想简略地说一下美国留给我的大致印象：美国的未来无法估量。

6 月 28 日，赴美之旅在我踏上两个月前载我而来的那艘邮轮时正式结束。两个月转眼即逝，所到之处，感受到的都是美国人民对我及我的两个女儿的热情，他们让我感到了家一般的温暖，而这带给我的感动竟无法用语言表达。很多美国人说，他们在法国也受到过如此热情的接待，有宾至如归的感觉。回到法国之后，我更加深切感受到了我们两个伟大的国家之间的友谊之深、之珍贵。我相信，通过我们两国人民的共同努力，一定会为人类的和平事业带来无限的希望。

居里夫人生平大事年表

◎1867 年 11 月 7 日生于波兰首都华沙。父亲是中学物理教师，母亲为女子寄宿学校校长。

◎1873 年，进私立寄宿学校读书。

◎1876 年 1 月，14 岁的大姐索菲娅因病去世。

◎1878 年 5 月 9 日，母亲因肺痨去世。

◎1881 年，进入俄国人控制下的公立中学就读。

◎1883 年 6 月，以优异成绩中学毕业，并获得金质奖章。毕业后，因健康原因去乡间亲戚家里休养。

◎1884 年 9 月，返回华沙，做家教，并参加了波兰爱国青年知识分子组织的"流动大学"，边学习边参加爱国活动。

◎1886 年，只身到农村去当家庭教师，一直到 1889 年 6 月。

◎1890 年 9 月，回到华沙，第一次进入实验室，在表哥约瑟夫主持的工农业博物馆搞物理和化学实验。

◎1891 年 9 月，赴巴黎求学。11 月，以玛丽·斯科洛多斯卡的名字注册，进入巴黎大学理学院物理系。

◎1893 年 7 月，以第一名的优异成绩通过物理学学士学位考试，并获得奖学金，在巴黎大学继续攻读数学学士学位。

◎1894 年，接受法国工业发展委员会关于钢铁磁性的研究课题。4 月，与皮埃尔·居里结识。7 月，以优异成绩通过数学学士学位考试。后回波兰度假。10 月，返回巴黎，继续其课题研究。

◎1895 年 7 月 25 日，与皮埃尔·居里喜结良缘。

◎1896 年 2 月，法国物理学家贝克莱尔教授发现铀可以放射出一种射线。两年后，这种被称之为贝克莱尔射线的未知射线引起居里夫妇的关注。8 月，通过中学教师资格考试，获物理考试第一名，进物理和化学学校实验室工作。

◎1897 年，第一篇论文《淬火钢的磁化特性》发表。9 月 12 日，大女儿艾莱娜出生。

◎1898 年年初，选择铀射线作为博士论文选题。同时，发现钍也能放射出"贝克莱尔射线"，将此种特性命名为"放射性"。夫妇两人合作研究放射学。7 月，宣布发现一个新放射性元素，其放射性比铀强四百倍，命名为"钋"，以纪念自己的祖国波兰。12 月，夫妇两人与贝尔蒙特合作，发现又一个新元素，其放射性比铀强一百万倍，命名为"镭"。

◎1899年，接受奥地利政府的一吨铀沥青矿渣，作为提炼镭之用。

◎1900年3月，皮埃尔受聘为巴黎高等综合工艺学校助教。居里夫人被聘为塞弗尔女子高等师范学校教师，教物理。10月，在法国数学家普安卡雷的举荐下，皮埃尔·居里前往巴黎大学为医学院学生讲授物理、化学和博物学。

◎1902年，夫妇两人终于提炼出一分克氯化镭，第一次测定镭的原子量为225。居里夫人的父亲病逝，享年70岁。

◎1903年6月，居里夫人的博士论文《放射性物质的研究》获得通过，取得博士学位。12月，夫妇两人与贝克莱尔共享1903年度的诺贝尔物理学奖。居里夫人成为第一位荣获诺贝尔奖的女性。

◎1904年10月，任巴黎大学理学院物理实验室主任。12月，二女儿艾娃出生。

◎1905年6月，居里夫妇前往斯德哥尔摩领取因病未能及时前去领取的诺贝尔奖。7月，皮埃尔当选为法国科学院院士。

◎1906年4月，皮埃尔遇车祸身亡，年仅47岁。5月，居里夫人去巴黎大学接替丈夫的工作，教授物理课，内容为电与物质的现代理论。

◎1907 年，提炼出纯净氯化镭，并测定出镭的原子量为 226，发表论文《论镭的原子量》。

◎1908 年，晋升为教授。

◎1910 年 2 月，皮埃尔的父亲去世。提炼出纯净镭元素。《论放射性》两卷本专著问世。9 月，参加在布鲁塞尔举行的放射学会议。发表《放射性系数表》。接受委托制取 21 毫克金属镭作为基本测定标准，存放于巴黎国际度量衡标准局。

◎1911 年 1 月，竞选法国科学院院士，以几票之差落选。12 月，瑞典诺贝尔奖委员会宣布授予她 1911 年度诺贝尔化学奖。居里夫人成为第一位两次获诺贝尔奖的人。11 日，做了诺贝尔奖讲演，题为《镭和化学中的新概念》。

◎1912 年 12 月，论文《放射性的测量和镭的标准》发表。

◎1913 年，华沙实验室建立，亲自前往揭幕。夏天，做肾脏手术。10 月，出席在布鲁塞尔举行的第二届索尔维会议。

◎1914 年 7 月，巴黎镭研所居里楼落成，担任实验室主任。7 月 28 日，第一次世界大战爆发。

◎1914 年—1918 年，往返于法国各大战区，指导 18 个战地医疗服务队，用 X 光配合战地救护。

◎1918 年 11 月，战争结束。波兰独立，波兰共和国成立。

◎1919 年，巴黎镭研所恢复运作。

◎1920 年，居里基金会成立，自 1920 年起开始向镭研所拨款。5 月，美国新闻工作者梅乐内夫人采访她后，回到美国，号召美国妇女界捐款，购得 1 克镭捐给居里夫人。

◎1921 年，《放射学和战争》一书面世。3 月 8 日，与北京大学校长蔡元培会晤。5 月，携两个女儿出访美国，接受捐赠的 1 克镭。5 月 20 日，由美国总统哈定在白宫主持赠送仪式。10 月，出席在布鲁塞尔举行的第三届索尔维会议。

◎1922 年 2 月，当选为巴黎医学科学院院士。5 月，出任联合国国际文化合作委员会委员。

◎1923 年 7 月，做白内障手术，未痊愈，后于 1924 年和 1930 年，又接受了两次手术。撰写《皮埃尔·居里传》(1924 年出版)，并应梅乐内夫人之请，撰写《自传》。

◎1924 年，巴黎大学举行纪念大会，庆祝发现镭 25 周年。12 月，接收朗之万介绍的学生约里奥为助手。

◎1925 年，回华沙为波兰镭研所奠基，并任名誉所长。10 月，出席第四届索尔维会议。

◎1926 年 10 月，艾莱娜与约里奥喜结连理。

◎1927 年 10 月，出席第五届索尔维会议。

◎1929 年，第二次访美，代表华沙镭研所接受美国人民赠给波兰的 1 克镭，由胡佛总统主持赠送仪式。秋天，接收中国清华大学物理系首届毕业生施士元为研究生。

◎1930 年 10 月，出席第六届索尔维会议。

◎1931 年，前往华沙主持波兰镭研所的开幕典礼。

◎1933 年，在西班牙马德里举行的国际文化合作委员会会议上被选为主席。10 月，与约里奥·居里夫妇一起出席第七届索尔维会议。

◎1934 年，在居里夫人的指导下，约里奥·居里夫妇发现了人工放射性。两卷本《放射性》完稿（1935 年出版）。6 月，因病入疗养院。7 月 4 日，因白血病辞世。7 月 6 日，安葬于苏城居里墓地。7 月 7 日，中国中央研究院院长蔡元培致唁电。德比埃尔接任居里实验室主任。

◎1935 年 12 月，约里奥·居里夫妇因"研究和合成人工放射性"而双双获得诺贝尔化学奖。

◎1946 年，居里夫妇的大女儿艾莱娜接任居里实验室主任。

◎1965 年 12 月，二女儿艾娃的丈夫亨利·拉布伊斯以联合国儿童基金会总干事的身份在斯德哥尔摩接受诺贝尔和平奖。

皮埃尔·居里传

　　我一直觉得我不是写《皮埃尔·居里传记》的最佳人选，我觉得他的某个亲属或朋友可能更熟悉他的生活及他的童年时期的情况。雅克·居里是皮埃尔的哥哥，也是他青少年时期重要的伙伴，他们手足情深，但他觉得自己无法承担写他弟弟自传这个重任，因为他自从担任了蒙彼利埃大学教授之后，就很少与弟弟来往了，所以他觉得还是我来写比较合适。他把他对弟弟的所有回忆都告诉了我。我把这些宝贵的素材都加进了我的讲述中，将皮埃尔的生平介绍重新组合起来。我力求做到忠于事实，真实再现了我与皮埃尔共同生活时期他留给我的所有印象。

　　我的记述可能不是很完全，我只是希望我对皮埃尔的描述没有一丝一毫的虚构与歪曲，并以此作为对他的缅怀。我也希望借这本传记可以真正讲出了那些了解皮埃尔的人之所以爱戴他的原因。

玛丽·居里 1923 年于巴黎

I 皮埃尔·居里的早期教育

　　皮埃尔·居里的父母都是有文化又充满智慧的人，他们并不是很富有，与上流社会也没有任何交集，他们只是与一些亲戚朋友经常来往。

　　皮埃尔的父亲欧仁尼·居里是一名医生，他对自己的姓氏没有过深入的研究，对原籍阿尔萨斯又是新教徒的居里家族也不甚了了。皮埃尔的祖父定居伦敦，而欧仁尼·居里却是在巴黎学习的自然科学和医学，并在格拉蒂奥莱附近的姆塞恩实验室担任辅导人员。

　　欧仁尼·居里医生有着非常好的人品。接触过他的人都很敬佩他。他身材高大，年轻时有着一头金色的头发，一双美丽的蓝眼睛，即便到了垂暮之年，两眼仍炯炯有神。这双眼睛永远流露着天真、善良和聪慧。而事实上，他确实智力非凡，并且格外钟情于自然科学，浑身上下散发着学者的风范。

　　他一直想终生致力于自然科学，但是迫于生活的压力却不得不将这一梦想放弃，转而从医。即便如此，他也从未停止做一些实验，尤其是结核接种。因为当时这种疾病的病原体还未明确。晚年时的他仍然对科学充满了敬仰之情，也为不能专心从事科学研究而充满了遗憾。居里医生一直保持着远足的习惯，因为这样他可以去寻找一些植物和动物来用于实验。怀着对科学的热爱之情，他对大自然充满了热爱，对农村的生活也有着极大的兴趣。

　　当时医生的职业收入是很微薄的，但他却毫无怨言，在工作中表现出了忠诚无私的品质。1848 年的革命期间，当时他还是个大学生，但是他却在救治伤员的过程中表现得极为勇敢，为此，共和国政府为他颁发了一枚荣誉勋章作为表彰。2 月 24 日那天，他不幸负伤了，一枚子弹击碎了他的部分颌骨。随后，霍乱猖獗，他为了照顾病人，独自留在了没有一名医生的街区。巴黎公社时期，他在自己的公寓里成立了一个急救中心，紧邻一个街垒，他就在那里救死扶伤。他的责任心及他的信念让资产阶级顾客逃离了他。同时，保护低龄儿童服务中心的巡回医生的任务落到了他的头上，于是他搬到了巴黎的郊区，在这里生活，比城市里要健康舒适很多。

　　居里医生有着很强的政治观念。虽然他是一个理想主义者，但是他却爱上了 1848 年给予革命者以启迪的共和理论。同时，他与亨利·布里松及其一派的人结下了深厚的友谊。他与这些革命者一样是自由的思想者和反教会者，所以他也没有让自己的孩子接受洗礼，没有让他们信奉任何宗教。

皮埃尔·居里的母亲克莱尔·德普利是普托一位企业家的女儿，祖籍萨乌瓦，她的父亲和兄弟们有过很多的发明创造，因此在工业界也很有名气，可惜由于1848年的革命对企业造成了重创而导致家道衰落。家族的没落与居里医生的挫折，使得皮埃尔的母亲一直过着很艰难的生活，而新的困难继续层出不穷。皮埃尔·居里的母亲虽然出身于一个富裕的家庭，但是面对种种困难的生活，她却能够平静而勇敢地接受现实，相夫教子。

正因为母亲的这种勇气，虽然雅克和皮埃尔并不能享受到富裕的生活，但是他们却时刻可以感受到家中温馨和睦、相亲相爱的气氛。皮埃尔·居里第一次向我谈起他的父母时，说他的父母相敬如宾，恩爱有加。而他们确实如此。皮埃尔的父亲有些独断，思想明快激进，从来不会利用关系去牟取私利，对妻子和儿子们充满了深沉的爱，对需要他帮助的人总能够做到不遗余力。母亲克莱尔身材娇小，性格却十分开朗，总是在向孩子们传递着快乐和无忧无虑。她会把简朴的家收拾得干干净净。

我第一次见到他们时，他们住在苏城的萨布隆街（今之皮埃尔·居里街）的一座老式房子里，这座老房子就坐落在一片绿荫深处。一家人过着平静的生活。居里医生四处奔波，工作之余，他会看看书或者整理他的小花园。每个星期天，都会有邻居来拜访，大家聚在一起玩地滚球或是弈棋。亨利·布里松时不时就跑过来看望自己的老战友。大家聚在一起，一片怡然自得的景象。

皮埃尔·居里是居里医生的第二个儿子，生于1859年5月15日，他出生地的对面就是居维埃街的植物园。他的父亲当时在姆塞恩实验室工作。皮埃尔对于自己在巴黎的童年生活记得不是很清楚，但是，他告诉我，对于巴黎公社、他家附近的街垒战斗、父亲的急救中心，以及父亲带领两个儿子救护伤员的情景他却记忆犹新。

1883年，皮埃尔·居里离开了巴黎。1883年到1892年期间，他与父母就住在丰特奈·欧罗斯，从1892年到1895年我们结婚，一直住在苏城。

皮埃尔从未进过学校，他的启蒙教育来自母亲，之后就是父亲和哥哥的教育，他的哥哥也没能学完高中课程。皮埃尔·居里虽然很聪明，但是他已完全不适应学校的正规授课程序了。他的脑子里充满了奇思妙想，学校的填鸭式教学让他无法接受，而在学校他也被认为是头脑迟钝之人。他自己也觉得自己有些笨，而且经常这么说。可是我却觉得事实完全不是如此。他是因为他的智力一直高度集中在某个特定的事物上，而且总是有一种不达目的不罢休的精神，并且完全不会受到外界的任何干扰。以现在看来，皮埃尔的这种思维方式决定了他未来的前途。但是对于当时的教育来说，没有学校可以给予皮埃尔一个适合的教育方式，而在这个世界上，像皮埃尔一样的人还有很多。

但幸运的是，皮埃尔有一对很有远见的父母，所以当他被学校定义为学习落后的学生的时候，他们视皮埃尔为珍宝，并没有强迫他去接受学校的常规教育方式。皮埃尔的启蒙教育就是以这种不太正规和不完整的方式开始了，但是恰恰是这种教育方式，反而保护了皮埃尔的智力，让他的智力在没有任何压力、没有任何约束的条件下自由自在地发展起来。皮埃尔一直为父母给予他的自由和保护而对父母充满了感激和怀念。皮埃尔喜欢远足，或是独自一人，或是跟父母一起，就是在一次次的远足中他萌生了对大自然的热爱，他经常从乡下带回很多动物或是植物供父亲做实验。皮埃尔一直保持着这份对大自然的热爱之情。

住在城市里的孩子，受传统教育方式的影响，很少有机会接触大自然。但是在自由中成长起来的皮埃尔却享受着大自然带给他的乐趣和知识，而这一点，恰恰成了他日后成功的基础。在父亲的指导下，皮埃尔学会了观察，并且可以把自己观察到的现象准确无误地表达出来；他还学会了辨识各种动植物；还知道在每个不同的季节里，草原上、森林里、湖泊中、沼泽旁，都会长有哪些植物和动物；哪里会有奇特的动植物，青蛙、北螈、蝾螈、蜻蜓，以及每一种天上飞的、地下跑的、水里游的动物，所有这些都对皮埃尔充满了强烈的吸引力，他可以毫不费力就找到自己感兴趣的东西。有时候他抓到一只小动物，就会把它放在手里仔仔细细地观察研究。我和皮埃尔结婚之后，我们也时常去乡间远足，皮埃尔有时把一只青蛙放在手里，如果我制止他，他会很认真地告诉我："你看它多漂亮啊！"而且每次散步回来，他都要带回几束野花。

慢慢地，皮埃尔在自然科学方面的兴趣日益浓厚，除此之外，他对数学基础知识的掌握也日渐扎实。相比之下，文史类的知识就会相对弱一些，而皮埃尔对这方面的学习通常仅是通过阅读来完成的。皮埃尔的父亲知识面很广，他有一间很大的书房，收藏了很多法国和外国作家的名著。皮埃尔的父亲对文史知识有着很浓厚的兴趣，所以他很会引导孩子们。

在皮埃尔即将14岁的时候，皮埃尔的生命中出现了一位很重要的人物，这人名叫罗贝尔·巴齐尔，是一位优秀的教师。他接受委托教皮埃尔基础数学和专业数学。这位老师不仅时常督促皮埃尔学习，而且非常善于启发学生，并且还帮皮埃尔提高了原本很差劲的拉丁文水平。在学习的过程中，皮埃尔与老师的儿子阿尔贝·巴齐尔建立了深厚的友谊。

在老师的指导下，皮埃尔不仅得到了能力的提升，而且他渐渐看到了自己在科学方面的潜力。皮埃尔在数学方面有着极高的天分，特别是对几何概念和对空间的探索。

学习对于皮埃尔而言，已经成了他最大的兴趣。而这一切，都与老师的正确指导有着很大的关系，所以皮埃尔一直对这位老师充满了感激。之后，皮埃尔渐渐不能只满足于一种学习计划，他开始想要独立思考。刚刚学会排列式理论，他就着迷了。他开始自己动手画起了行列式的三维图，想要发现这些立体行列式的特点，不过他当时年龄还很小，所学的知识并不足以让他得出正确的答案，但是他独特的创新精神已经初见端倪。

许多年后，一直对对称问题耿耿于怀的他，对自己发出了疑问：我们难道无法找出一个简单的方法来解一个方程式吗？一切都是一个对称问题。他当时并不了解可以解答他这个问题的伽罗瓦群①的理论。

皮埃尔在物理和数学方面的飞速进步，让他在 16 岁那年有幸获得了业士学位②。至此，皮埃尔最艰难的时期已经过去了，以后，皮埃尔就可以在自己自由选择的领域拼搏了。

---

① 和一个多项式的各根联系着的一个特殊的扩张域的同构群。

② 法国高中毕业会考合格者所取得的学位。有此学位便可直接注册入大学。

Ⅱ　青年时期的梦想

　　皮埃尔·居里进入大学后、准备考取物理学学士学位的时候，年龄还很小，他除了每天上大课和练习课外，还在实验室帮助前药学院勒鲁教授准备教案，而且，他还要与哥哥一起为里希和赞弗莱什的化学课帮忙。

　　皮埃尔 18 岁那年获得了物理学学士学位。在校期间，高等教育研究实验室主任德桑和副主任姆东很赏识皮埃尔，在他们的强烈推荐下，1878 年，19 岁的皮埃尔被聘为巴黎大学理学院德桑的助教。他在这个职位上工作了 5 年，也就是在这段时期，他真正开始了自己最初的实验研究。

　　成为教辅人员虽然对皮埃尔来说是个很好的机会，但是他在两三年内不能再自由地选修其他课程，因为实验室的工作及他自己的研究已经占用了他全部的时间和精力，他选择放弃了参加其他考试的资格。有得就有失，皮埃尔也因此不用去服兵役，因为这是当时对从事教育职业的年轻人的一种特殊待遇。

全家福照片中的皮埃尔，身材修长，一头栗色的头发，表情腼腆，他用手托着脑袋，姿势很随意，但是一双眼睛却充满了幻想。他的哥哥与他完全不一样，褐色的头发，目光坚定，炯炯有神。

皮埃尔与他的哥哥十分亲密，他们经常一起在实验室工作，之后，还会一起外出散步，他们有几个在童年就很亲密的伙伴：堂哥路易·德普利，后来成了医生；路易·沃蒂埃，后来也成了医生；阿尔贝·巴齐尔，后来成了电信工程师。

皮埃尔每每讲起与哥哥一起度假的情景，总是抑制不住的激动。他与哥哥一起在塞纳河边散步，时而下水洗澡，时而踩水嬉戏，他与哥哥都很擅长游泳。他们经常散步一整天，这也是得益于他们童年时期在巴黎郊区远足的经历。如果皮埃尔是独自一人出来散步的话，常常会走得忘记了时间，等回到家的时候，整个人都跟要散了架一样，他太沉醉于自己的思考了。

他在自己1979年写的日记中（事实上，皮埃尔·居里并未留下什么真正的日记，只是写过寥寥几页内容，记述了他一生中的一个很短的时期的事情，而且都是一些随手所记）是这样描述乡野对于他的意义的："啊！我在这里独自度过了多么美好的时光呀！远离了在巴黎让我心烦意乱

的种种烦恼！不，我对在林中度过的白天夜晚感觉不到一
丝遗憾。如果我有时间的话，我就要把我当时的幻想全都
讲述出来。我还想描绘那恬静宜人的河谷，草长莺飞，花
香四溢，湿润清新的美丽卵石堆，比埃弗尔河从中穿过，
高高的瀑布形似仙女宫，长满欧石楠的红红的石山丘，躺
在上面美不胜言。是的，我将永远心怀感激地记住米尼埃
尔河边的树林，那是我至今所见到过的所有地方中我最喜
爱的一个去处，我在那儿幸福极了。我经常会在夜晚出发，
沿河谷而上，归来时脑子里就会充满各种各样的想法。"

　　在皮埃尔的心中，漫步乡间的幸福感与冷静思考的可
能性是紧密联系在一起的。忙碌的日常生活，有太多事情
让他分心，使他无法集中精神思考，这也是他难过焦虑的
原因之一。他一直觉得自己就是为科学研究而生的，深入
研究一种现象，然后得出准确的令人满意的结论，对他来
说是迫不及待的事情。他曾以《天天如此》为题目，记述
了自己一天所干的琐事，最后还会深深地责备自己："这就
是我的一天，我什么都没干成，为什么呢？"后来，他还写
过一篇文章，并且以一位名作家的话作为了标题：

琐事麻痹了想思索的脑子

（引自维克多·雨果的《国王取乐》）

　　虽然我很渺小，但是为了让我的头脑不会随风飘
荡，不会因为一点点的风吹草动就不知如何是好，就

必须让我周围的一切静止，或者让我像一只飞速旋转的陀螺一样，对外界的事物无动于衷。

当我开始慢慢地转动时，我就想尝试着让自己飞速转动起来，但是，一件琐事、一句话、一份报纸、一次来访就不得不让我停了下来，这可能会导致我把那个重要时刻永远地推后、延迟。本来只要我加快速度，我就会无视周围的一切，集中精力……我们必须吃、喝、睡、懒、爱，必须接触生活中最美好的事物，但却不能够沉湎其中，在做这些必须做的事情的同时，坚定不移地抵抗想要占据主导的本能的欲望，让梦想在我们的大脑中继续不受干扰地发展下去。而最好的方式，就是我们把生活变成一个梦，再把梦变为现实。

如此清晰的大脑、敏锐的分析，竟出自一个 20 岁的年轻人之手，这无法不让人吃惊与赞叹。这是一种真正的教诲，一旦这种教诲被接受，就一定会为爱幻想的头脑开辟一条通往创新的道路。

皮埃尔一直追求的思想集中，不仅被他所谓的琐事所累，还被他自己的兴趣爱好所干扰——他的兴趣爱好在促使他向文学艺术方面发展。他像他的父亲一样喜欢读文艺著作，尤其是晦涩难懂的文学著作。他还喜欢参观画展和听音乐。他也曾在日记里抄写过一些他喜欢的诗歌片段。

但是，所有这些都要服从于他自己的真正使命，当他的科学思索需要被调动起来时，所有这些都要做出让步，他甚至会为此感到焦虑不安。他曾经在日记中写道："我以后会变成什么样子？我很少完全属于我自己。通常，我身体的一部分在酣睡。我可怜的头脑，你就那么软弱，就无法指挥我的身子吗？啊，我的思想呀！你真是一文不值！我只有在幻想中才最有信心使自己摆脱窠臼，但我真害怕它已经完全消失了。"

尽管干扰不断，时间流逝，但是皮埃尔还是找到了属于自己的道路，并且义无反顾。在未来的学者们还在努力学习的时候，皮埃尔已经开始了他的科学研究生涯。他的第一项研究就是与桑德一起确定关于热波的长度。他们借助一个热电堆和用金属丝做成的网完成了此项研究。这种全新的方法后来在研究这个问题时经常被使用。

之后，他又与哥哥一起进行了对晶体的研究。皮埃尔的哥哥当时是巴黎大学矿物系的弗里代尔的助手。兄弟二人在这次实验中获得了很大的成功：发现了压电的新现象，即通过无对称中心的晶体的压缩或膨胀产生的一个电极上出现的这种压电现象。这次的发现绝非偶然，它是由对晶体材质的对称进行的反复思考得来的，这些思考使兄弟俩得以预见这种电极出现的可能性。这项研究的前期工作是在弗里代尔实验室里进行的。两位年轻的物理学家以他们这种年龄所具有的罕见的实验能力，成功地完成了对这一新的现象的研究，创造了在晶体中产生它的必不可少的对称条件，确定了极其简单的量的规律，以及某些晶体的绝对量。之后，好多很有名的外国科学家——罗恩根、康特、乌瓦特、里埃克——都沿着雅克·居里和皮埃尔·居里开创的这条新的道路进行了这方面的研究。

这项研究的第二部分从实验的角度来看是很难完成的，它牵涉压电晶体在受制于一个电磁场的作用时，就会出现变形现象。里普曼曾预见到的这一现象被居里兄弟俩证明了。这项研究的困难之处在于所要观察的变形很微小。德桑和姆东给这兄弟俩提供了从他们完成微妙的实验的物理实验室里弄来的一块材料。

从这些既是理论性的又是实验性的研究中，兄弟俩立即推论出一个实际的结果，用的是一种新仪器——压电石英，它可以用绝对值来测量微弱的电量，以及弱电压的电流。这个仪器后来在放射性的研究中起了很大的作用。

居里兄弟俩在研究压电的过程中，需要使用一些测电设备。由于无法使用当时已知的诸如象限静电计，他们就动手制作了一件新型的仪器，更适合他们的研究需要，后来这个仪器在法国被广泛地加以使用，取名为居里静电计。

皮埃尔与哥哥的几年合作里不仅收获颇丰，而且很快乐。他们彼此之间的真挚情谊和他们共同的科学热情是他们最大的支持。在共同的研究中，雅克的活跃对皮埃尔而言也是一种帮助，因为皮埃尔很容易掉进沉思中无法自拔。

　　然而令人遗憾的是，兄弟之间这种亲密无间的合作只持续了几年，1883 年，雅克去蒙彼利埃大学任矿物学教师，而皮埃尔则在巴黎物理和化学学校任实验室主任，兄弟二人被迫分开。

　　雅克·居里和皮埃尔·居里就晶体所进行的出色的研究，于 1895 年为他们赢得了普朗泰奖。

Ⅲ 在物理和化学学校的生活

　　皮埃尔·居里在物理和化学学校工作了22年，从一开始的研究室主任，到后来的教授职务，就是他全部的科学生涯。他的所有回忆都与这些已被拆除的旧楼紧紧联系在一起。白天他一直泡在实验室里，只有晚上才会回到父母那里。学校生活让他觉得很舒适，舒赞贝格校长对他很照顾，学生们对他很尊敬，好几位学生竟然成了他的朋友或是弟子。他在巴黎大学做过一次演讲：

　　　　在此，我想特别声明，所有的研究工作都是在位于巴黎市政府的物理和化学学校完成的。任何一项科学成果的实现，都摆脱不了人们所身处的环境对工作的影响，并且这种影响是巨大的，甚至可以说成果的一部分应该归功于这种影响。学校的第一任校长舒赞贝格是一位杰出的科学家。当年我在学校做教辅人员的时候，他为我提供了很不错的工作条件，至今我依然心怀感激。后来，他又让我的妻子玛丽·居里来到我身边同我一起工作，这一决定在当时那个时代都可以被称为是一种革新。舒赞贝格给予我们极大的自由，他的那种对科学的热情极大地感染了我们。物理和化学学校的教师、从该校毕业的学生共同创建了这个氛围和谐、硕果累累的环境，这对我而言也是极大的帮助。我们就是在学校的老校友中收获了我们的合作伙伴和朋友。我非常真诚地在这里向大家表示感谢。

皮埃尔刚刚上任的时候，比他的学生大不了几岁，可是学生们都很爱戴他。因为皮埃尔是一个很随和的人，对学生们而言，他亦师亦友。同学们一直都很怀念在他身边学习的那些日子，怀念跟他在黑板前探讨问题的日子。皮埃尔的全心投入，让学生们萌生了对科学的向往、激发了学生们的求知欲望。1903年他参加了一次老校友的聚会，他情不自禁地回忆起当年发生的一件有趣的事情：有一次，他与几个学生在实验室做实验忘记了时间，等他们做完实验准备走的时候，却发现教室的门被锁上了，最后大家只好顺着二楼窗外的一根水管爬了下去。

皮埃尔是一个很内向的人，不太善于跟大家打成一片，但是他的平易近人及对待工作的态度却让每个与他一起工作的人都很尊敬他。他对待下属更是格外友好，皮埃尔在实验室的助手，是一个年轻的小伙子，皮埃尔曾经在这个助手生活特别困难的时候伸出了援助之手。这个小伙子至今仍对皮埃尔充满了感激。

皮埃尔与哥哥相隔千里，但是兄弟二人的情谊与对彼此的信任却从未减少。每到假期，雅克都会来看望皮埃尔，两个人也会利用这仅有的自由时间在一起共同研究各种实验。皮埃尔有时候也会去看望哥哥，有一次雅克当时正在奥维涅忙于一项地质绘图工作，皮埃尔就过去与哥哥一起实地勘探。

下面这段文字是我从皮埃尔写给我的信中摘录出来的，讲述的就是其中的一次勘探经历：

> 我和哥哥一起享受了一段非常美妙的时光。我们将一切烦恼和杂念都抛到了脑后，尽情地享受属于我们的生活。我们甚至不会收到一封信，因为我们每一天都不知道第二天会身在何处。有时候，我会突然觉得我仿佛又回到了小时候与哥哥一起生活的日子。我们俩在任何事情上都保持着相同的看法。所以，我们之间完全不需要任何语言便可以知晓彼此的看法。但事实上我和哥哥的性格是迥然不同的，因此，我们能做到这一点实在是太难得了。

单就科学研究而言，皮埃尔·居里接受聘请去物理和化学学校任职，确实耽误了他的实验性研究。他刚到学校任职时，这所学校还什么都没有，一切都在创建中。而皮埃尔·居里又必须担负起组织学生实验的重任，他以其独树一帜、大胆创新的思想出色地完成了这项任务。

当时每个班里的学生人数多达 30 名，而助手只有一名，对于年轻的皮埃尔而言带这么多学生做实验，实在是非常艰难的。最初几年无疑是艰苦工作的几年，但是他对学生们的教育与培养却从来没有打过折扣，学生们受益匪浅。

皮埃尔在被迫中断自己的实验研究的这段时期，积极补充自己的科学知识，尤其是数学方面的知识。

1884 年，皮埃尔发表了一篇论文，名为《以晶体对称研究为基础的有关增长序和重现》。同年，他又以同一题目做了一个更广泛的报告。1885 年皮埃尔又发表了另一篇关于对称与重现的论文。同年，他又针对晶体的形成和不同面的毛细常数发表了一篇重要的理论文章。

这一篇又一篇的论文的发表，饱含的是皮埃尔·居里对晶体物理的关心。他的理论性研究或在这一领域的实验性研究都围绕着一个很普遍的原则：对称原则。他在一点一点地表达着对这个原则的理解，终于，在他于 1893 年至 1895 年发表的一些论文中把这个原则确定了下来。

下面就是他提出的今后将成为经典的方式：

当某些原因产生某些效果时，原因的对称因子应该再现于所产生的效果中。

当某些效果显示出某种不对称时，这种不对称应该再现于使之产生的原因中。

这两种假设的逆命题不一定正确，至少在实际中不是这样，也就是说所产生的效果可以比原因更加对称。

这个看似简单但却完美的论证的极大的重要性在于，它所引入的对称因子是与所有物理现象相关的，无一例外。

在对自然界中可能存在的对称群的一次深入研究的指引下，皮埃尔指出了应该如何利用这种既是几何学又是物理学特性的资料去预见某种现象是否会产生，或者在所考虑的条件下是否有可能产生。他在一篇论文中是这样强调的：

我认为最好是在物理学中引入晶体研究者们所熟悉的对称概念。

皮埃尔在晶体物理研究这条道路上的成果是重大的，尽管他后来转向了其他研究，但他始终对晶体物理保持着浓厚的兴趣，并且一直在这一领域不断地酝酿一些新的研究计划。

皮埃尔·居里心心念念的对称原理是重大原理之一，这些原理数量虽然不多，但却对物理现象的研究有着很重要的指导作用，它们植根于实验提供的概念之中，但又逐渐从中摆脱出来，形成一种更加普遍、更加完美的形式。因此，热当量和功当量的概念便补充进动能和潜能的当量概念中来，使得使用非常普遍的能的保存原理得以建立。同样，质量保存的原理也从以化学为基础的拉乌瓦齐埃的实验中渐渐地得出来了。这两种原理的聚合，在最近达到了一个更高的普遍性的程度，因为已经有实验证明一个物体的质量与其内在的能成正比。对电现象的研究使得里普曼提出了电的保存的普遍原理。根据生热装置的运作构思产生的卡尔诺原理也具有一种极其普遍的意义，使它能够预见各种物质系统的自发变化的最可能的方向。

对称原理提供了一种可比变化的榜样。对称概念一开始就能通过对大自然的观察来进行验证：如果是晶体化了的矿物质，规律性则更加完美。我们可以看到大自然为我们提供了对称面和对称轴的概念。如果对称面把物体分成两个部分，而每个部分又可以被看作是这个面里所反映的另一部分的形象（如同在一面镜子里那样）的话，那么这个物体就具有一个对称面或蜃景面。这几乎就是人和许多动物的外表形象所产生的那样。如果将一个物体沿某一轴线旋转，转到一周的几分之一，这时物体恢复到原来的形状，我们就会说这个物体有一个几阶的对称轴线。例如，一个整齐的四瓣花朵，就有一个四阶对称轴线，或四阶轴线。像岩盐或明矾这样的晶体就具有好几个对称面和好几个不同序的对称轴。

几何学教会我们研究一种被限定的形象（如多面体）的对称因子和在这些因子中间发现使它们聚集成堆的一些必不可少的关系。了解这些堆体非常有利于把晶体形式合理地排列成一个数量不多的系，其中每一个系都是从一个简单的几何形式变来的。因此，正八面体就属于与立方体同样的系，因为由对称轴和对称面所组成的堆体在两种情况之下都是相同的。

在对晶体物质的物理属性的研究中，必须考虑这种物质的对称性。这种物质通常都是各向异性的，也就是说，当介质（如玻璃或水）是各向同性（因为在这种情况下，各个方向都是相等的）时，它在各个方向中就没有相同的特性。对光学的研究首先指出了光在一个晶体里的传播依据的是这个晶体的对称因子。对于导热性或导电性，对于磁化，对于极化等来说，也都是一样的。

正是对这些现象的因果关系的思考，引导皮埃尔·居里去补足和扩展对称的概念。他认为这种概念对于一个现象出现于其中的介质来说是一种特有的空间状态。为了确定这一状态，必须要考虑介质的构成，还要考虑它的运动状态和它所从属的物理因子。因此，一个直圆柱体就具有垂直于它在其介质中的轴的一个对称面以及通过这个轴的无穷的对称面。如果这同一个圆柱体围绕着它的轴旋转的话，第一对称面就存在，但其他的就全都被取消了；如果这个圆柱体还被一股电流纵向通过的话，那任何对称面都无法保存了。

对于任何现象来说，有必要确定与它的存在相容的那些对称因子：在这些因子中，有一些可以与某些现象共存，但它们却并不是不可或缺的。必须说明的则是它们中间的某一些对称因子并不存在，是不对称在产生现象。当好几个现象重叠在同一个系中时，不对称因子就自行增多。

正如上述结论所说的那样，皮埃尔阐释了一种普遍原理，其《论文集》（第 37 页）在对这一普遍原理的研究上，达到了普遍性和抽象性的巅峰。如此得出的结论似乎是决定性的，仿佛剩下的只是由此而去推论出它所包含的全部发展而已。

为此，应该确定每个现象的独特的对称，并把那些对称群分门别类地分开。质量、电荷、温度有着同样的称之为"标量"的对称，也就是圆球形对称。水流或单向电流属于矢量对称性，属于"极矢量"一类；正圆柱体的对称则属于"张量"一类。所有晶体物理学研究都可以按这种方法加以归类，但在这种方法中，不用指定所研究的现象的具体情形，而只要观察它们的各物理量在几何和解析上的因果关系就可以了。

因此，对电场所产生的极化效应的研究也就等于是在研究两个矢量之间的关系，并列出一组含有 9 个系数的线性方程式。研究这种方程式中的各个系数的意义在于，对它们进行修改即可用来表示导体中的电流与电场的关系，或热流与温度梯度的关系。同样，在研究极矢量与张量间的普遍性关系时，可以显示出压电现象的各种特性。另外，凡是属于晶体弹性的种种现象也都可以通过两组张量间的关系来决定。不过，这些张量通常需要 36 个系数才能表述出来。

通过这一简单阐述，我们可以了解到自然现象中所有的对称性在理论上的极大重要性，而皮埃尔·居里以一种简单明确的方式表述了这种深刻的意义。有必要在此提及，巴斯德也曾用同样的观点来观察生命，他说道："宇宙是一个不对称的整体，因此我相信我们所见到的生命应该是受到宇宙不对称作用的影响的，或者说我们的生命是不对称性所产生的结果。"

随着他在学校里的工作的适应，皮埃尔开始重新考虑进行自己的实验研究了。但是他没有自己专用的实验室，也没有一间空屋可供他使用，研究经费也毫无着落。只是在学校工作了几年之后，多亏舒赞贝格的支持，他才能每年获得一小笔研究经费。另外，经得校长的恩准，皮埃尔所需要的实验器材可以从学校教学实验室的日常开支中划拨，而那所谓的日常开支经费实际上也是少得可怜。

至于实验室，他只能占用一点点。他的一部分实验是在学生们不用时的大课堂里做的。而大多数实验，则是在楼梯底下或学生实验室里完成的。他耗时很久但是却卓有成效的磁学研究就是在这种条件下完成的。

这种不利于皮埃尔的科学研究的状况倒也有其有利的一面，他正好可以更多地接触学生，学生们有时候也会参与到他的一些科学研究中来。

皮埃尔重新开始实验研究的目标主要是针对"直接称量最微小量的精密天平"这一高深的研究。1889 年至 1891 年间，皮埃尔发明的这种天平摒弃了小砝码，取而代之的是一个测微计，装在天平一臂的顶端，通过显微镜来读数。这种天平装有空气阻尼器，能使天平两臂的摆动迅速停止，然后便可立即读数。它比旧天平大有改进，尤其是它的称量极其快速，而在化学分析实验中称量的快慢直接影响到精确性。因此，这种新式天平在化学分析实验室里颇受青睐。可以说，皮埃尔发明的这种天平的确是开创了天平制造业的新纪元。它的发明并不完全是靠皮埃尔的经验，而是他先对阻尼运动进行了一番研究，在一些学生的帮助之下，绘制出一些曲线图表，证实了他的推论之后才获得成功的。

大约在 1891 年，皮埃尔开始对物体的磁性与温度（从常温到 1400℃ 之间）的关系进行了系统研究，这一研究，就是几年的时间。1895 年，皮埃尔在巴黎大学的教师会议上以博士论文的形式宣读了此项研究结果。皮埃尔用清晰、简洁的语言叙述了他的研究目的及其结果。论文中是这样写的：

> 物体可以明确地根据其磁性分成3类：抗磁性物体、弱磁性物体和顺磁性物体［顺磁体的磁化作用与铁相似，或为极强的磁化（铁磁化），或为较弱的磁化。抗磁体系指物体的磁化作用极其微弱，并且与铁在同样的磁场中的磁化极性相反］。乍看上去，这3类磁性截然不同。该项研究的主要目的就是在于探究这3种状态之间是否存在着一种过渡，能不能让某一种物质按顺序经过这几种不同的状态。为此，我研究了不同温度和磁场下的许多物质，并观察、测量它们的磁性。
>
> 我在实验中未能证实抗磁性物质与顺磁性物质在性质上有什么关系，但实验的结果却证实了磁性与抗磁性是由一些不同性质的原因造成的。相反，铁磁性物质和弱磁性物质的性质却有着密切的关系。

这项研究的实验过程中出现了很多的困难，实验要求在温度达到1400℃左右的装置里测量出极微小的力（仅百分之一毫克的重量）。

正如皮埃尔所言，他所取得的结果从理论上看具有极大的重要性。他从中得出了"居里定律"。根据这一定律，物体的磁化系数与它的绝对温度成反比。该定律极其简单，完全可以与盖一吕萨克的"理想气体的密度与其温度成反比"定律相媲美。1905年，保尔·朗之万所发表的著名的磁学理论就采用了皮埃尔·居里的这一定律，并且从理论上进一步证实了抗磁性与顺磁性的不同起因。朗之万的研究，以及后来的P. 魏斯的重要研究都完全证明了皮埃尔所得出的结果是十分精确的。皮埃尔还在磁化强度与流体密度之间看出了相似状态，因为物质处于顺磁化状态可以与气态相比较，而铁磁化状态则可以与凝聚状态相比较。

在这项研究工作中，皮埃尔尽力去探求未知的新现象，他认为这些新现象并非没有存在的可能。他辛苦寻找一种很强的抗磁性物质，但未能找到；他还在探究是否有一些能传导磁性的物质，是否磁性能像电荷一样呈自由状态存在，同样，他也未得出肯定的结果。他从未对这些研究发表过什么，因为他喜欢就这样一头扎进对现象的追踪里去，即使一无所获，但也丝毫不会影响他喜欢探寻意外的东西，他也完全不考虑是否要著书立说。

就因为皮埃尔对科学研究有着无私的激情，所以他并不专门想要利用自己最初的研究成果去写一篇博士论文。当他决定把刚完成的磁性研究方面的颇有见解的成果汇聚起来作为博士论文时，他已是35岁的中年人了。

我至今仍能回忆起他进行博士论文答辩时的情景。我应皮埃尔的邀请去参加他的答辩会。评委有布蒂教授、里普曼教授和奥特弗耶教授。旁听者是他的朋友和他的父亲。他的父亲为自己儿子取得如此的成就表现得格外高兴。我记得皮埃尔答辩时简单清晰，有条有理，评委们都对他大加赞赏。当皮埃尔开始回答评委们对他的提问时，我感觉自己不是在参加一个答辩会，而是在参加一个物理学的讨论会。那一天，我被皮埃尔深深地打动了，小教室里充满颂扬人类的崇高理想的语言。对皮埃尔而言，1883年至1895年是他作为实验室主任在学术上取得辉煌成就的几年。在这几年中，他成功地把实验室组织成为一个全新的教学单位，发表了一系列重要的理论性文章和一流的实验研究报告，还制作了一些十分精确的新仪器，而所有这一切都是在设备不完善、经费不足的情况下完成的。因此，我们可以认为他克服了青少年时期的怀疑与犹豫，规范了自己的研究方法，充分调动了自己非凡的才能。

皮埃尔在国内外声名鹊起。他经常会在物理学会、矿物学会、电气工程师学会等学术团体的会议上，把自己的研究成果拿出来与他人交流，并在各种科学问题的讨论中积极发表自己的看法，与会者全部洗耳恭听。

在这一时期，皮埃尔也得到了很多外国科学家的高度评价，首推英国著名的物理学家开尔文爵士。开尔文爵士在他的一次巴黎之行期间，参加了物理学会的一次会议。会上，皮埃尔谈到带有保护环的标准电容器的构造和使用。皮埃尔主张把保护环里的中央圆板用电池充电，而保护环则与地面连接，这样就可以用另一块电板上所感应的电荷作为计量用。尽管这种构造使电线的空间分布十分复杂，但它的感应电荷却可以用静电学中的定理加以计算。所运用的公式与普通电容器在均匀电场中所运用的公式一样简单。另外，按照皮埃尔的办法，电容器的绝缘性能更佳。一开始，开尔文爵士认为皮埃尔的推论不精确，但是第二天，他不顾自己的高龄，礼贤下士地亲自来到皮埃尔的实验室拜访年轻的实验室主任，同皮埃尔在黑板上展开了讨论。后来，他完全信服了，并且很高兴地称赞皮埃尔推论之正确。从那以后，开尔文爵士对皮埃尔一直都很赏识。

著名的英国物理学家开尔文爵士在访问法国期间给皮埃尔写了一封信，摘要如下：

亲爱的居里先生：

非常感谢您周六的来信，我对信的内容十分感兴趣。如果明天上午 11 点我到贵实验室拜访，您该不会不在吧？我有两三件事情想与您探讨一下。我还想看看您所绘制的不同温度下铁的磁化带曲线图。

开尔文

1893 年 10 月

皮埃尔·居里虽然成绩斐然，但 12 年间一直担任着一个小小的实验室主任，这种现象很让我们惊讶。很明显，这不仅因为无人举荐、无人关照——没有有权有势者帮助的人，是很容易被人遗忘的，还因为他对那些为达到升迁而四处奔走、求人帮忙的行为一直是鄙视的。他素来性格独立、光明磊落，让他为了升迁而去活动的事，他是绝对做不出来的。因此，他只能维持现状，每月领 300 法郎，这基本相当于一个体力劳动者的收入，仅够勉强维持简单生活而已。即便如此，他也从未放弃自己的研究工作。

关于这一问题，他曾在给我的一封信中这样写道：

> 有人告诉我，我们学校的一位教授可能要辞职了，如果这件事是真的，我就想接替他留下的职位。但是，任何职位都得经过自己的申请。这可是件让我头疼的事，我实在不喜欢做这种事情，这会让我觉得很难堪。我认为这么去做会被别人说三道四，真没有比这更不像话的了。我很遗憾跟你谈及这种事。

皮埃尔不仅对晋升没有任何追求，对于荣誉声望更是无欲无求。在名誉、嘉奖方面，他的态度更为坚决，他不相信它们有任何好处，反而认为它们有百害而无一利。对皮埃尔而言，追求荣耀就是自寻烦恼，而且还会占据人的最崇高目标的地位，这个目标就是因为热爱而进行的科学研究，这是人类最崇高的追求。皮埃尔的道德观念纯洁而高尚，而且他从来都是言行一致、表里如一的。舒赞贝格曾想提议给皮埃尔授予共和国一级教育勋章，如果能够获此殊荣，定会带来不少的好处，但他仍旧婉言谢绝了。他是这样回复校长舒赞贝格的：

> 我得知您再次举荐我获取这一殊荣，不胜感激，但我恳请您千万不要这样做了。如果您真的为我成功申请了这一荣誉，那将使我处于尴尬的境地，因为我已决定不再接受任何的荣誉了。请校长先生谅解我，收回您的提议，免得让我贻笑大方。如果您是想向我表示您的关怀，那么您之前竭尽全力让我无后顾之忧地从事研究工作，就已经是对我莫大的关怀了，那比这些虚名要强几百倍。不过，对此我仍不胜感激。

皮埃尔从未违背自己的意愿。1903 年，政府准备授予他"荣誉勋章"，也被他婉言谢绝了。虽然他并不愿为自己的晋升而四处活动，但实际早在 1895 年，他就获得过升迁。法兰西学院知名物理学家马斯卡尔教授被皮埃尔·居里的才华深深感动，而且耳闻开尔文爵士对他的高度评价，便向舒赞贝格竭力保荐，在物理和化学学校开设了一个物理学讲座，聘请皮埃尔为教授，使他的才能得以充分地发挥。但是，唯一遗憾的是皮埃尔缺乏研究经费的问题依然没有因此而得到任何的改善。

Ⅳ　婚姻与家庭

1894 年的春天，我第一次与皮埃尔·居里相遇。那时我已经在巴黎大学就读 3 年了，而且通过了物理学科的学士考试①，正在准备数学学士学位的考试。而同时，我还在里普曼教授的实验室做研究。我有一位波兰的物理学家朋友，他很敬重皮埃尔·居里，于是便邀请我们一起去他家过周末。

我至今依然记得，那天我一走进客厅，就看见皮埃尔·居里站在洒满阳光的落地窗旁。皮埃尔看上去很年轻，可事实上当时他已经 35 岁了。他的目光纯净，身材挺拔，看上去格外潇洒。他说起话来有条不紊，性格直率，笑起

① 　一般法国大学的一二年级为第一阶段，即基础阶段；三四年级为第二阶段，即学士（三年级）和硕士（四年级）阶段；然后为第三阶段，大学博士阶段；以后可以继续深造，取得国家博士学位。

来非常迷人。我们的谈话很投机。从科学问题聊到社会问题、人类问题，我非常愿意听他谈自己的看法，更让我意外的是，虽然我们国籍不同，但是我们对事物的看法却出奇地相似，我猜想这一定与我们各自的家庭环境带给我们的道德标准很相似有关系。

之后，我们在物理学会和实验室又相遇了，他想来拜访我，希望能得到我的允许。我当时就住在大学区的一幢楼房里，因为经济条件不好，我只能住在这种公寓里，当时我 25 岁。皮埃尔·居里来到我的住所，看到我这样的居住条件，很是同情。在之后的来往中，皮埃尔多次跟我谈及希望终生为科学事业献身的梦想，并表达了希望我可以与他分享这样的人生。在当时，我还不太确定要不要陪伴他，因为如果我答应了，那我就要面临着与父母和祖国的分离，我自己的人生规划也将改变。我有着一颗浓重的爱国心，在我的祖国被侵略时，我与无数祖国的年轻人一样，想尽自己所能为祖国贡献自己的力量。

假期开始后，我回到波兰，我和皮埃尔的事就暂时搁浅了。在两地分离的这段日子，我们一直在书信往来，彼此的感情也在迅速升温。

皮埃尔·居里寄给我的信，每一封都热情洋溢，充满了文采。每封信的内容都不长，这是他的风格，但是我在每封信中都能看到他的真诚与深情，他很希望我们能够终生相伴。我很欣赏他的文字，三言两语就能把一种精神状态表达得很清楚不是每个人都可以做到的。他的信的内容我在之前已经引述过一些了，以后我还会引述一些其他的。下面就是他曾经写给我的一段话：

> 我们俩已经相互承诺至少你我之间要保持一种伟大的友谊。希望你没有改变初衷！因为口头承诺很容易忘记，而这种事又是不能强求的。当然，这又会是一件幸福的事，我大胆地期待我们俩能相依相偎地在我们的梦想中度过一生：你报效祖国的梦、我们为人类谋幸福的梦和我们的科学之梦。在上述这些梦中，我认为最后的那个梦是可以实现的。我是想说，我们无力去改变社会现状，即使有这种可能的话，我们也不知道怎么去做，凭一时想象去做，说不定会好心办了坏事，阻碍了社会不可避免的进程。而科学方面却不同，我们是可以做点什么的，因为这一领域需要脚踏实地地做。我们心里清楚，尽管这一领域很狭小，但我们必有所获……
>
> 我心急难耐地建议你十月份返回巴黎。如若你今年不回巴黎，我会非常痛苦的，不过，我这可不是出于一个朋友的私心才叫你回来的。我只不过是认为这里的环境对你的学习更加有利，并且能够有利于你完成更加实在有用的工作。

透过这封信我们可以看到，对于皮埃尔·居里来说，他为自己的未来选择了一条路，他要把自己的生命献给他的科学梦，他希望一位伴侣可以与他一起实现他们共同的梦想。他曾经不止一次地跟我说，他之所以 36 岁都没有结婚，就是因为他一直都没有遇到一位符合他的这个婚姻条件的人。

在皮埃尔·居里 22 岁的时候，他在一篇日记中曾这样写道：

女人比我们男人更喜欢为生活而生活。天才的女人简直是凤毛麟角。因此，当我们被某种神秘的爱情所驱使，想要进入某种反自然的道路时，当我们全神贯注于自然奥秘时，我们往往就会与社会隔绝，我们就常常要与女人去斗争，而这种斗争又几乎永远不是势均力敌的，因为女人会以生活和本能的名义扯住我们的后腿。

另外，在他的信中，我们可以看到皮埃尔坚定不移的信念——相信科学会带给人类无穷的力量。巴斯德说过："我坚定不移地相信科学与和平将战胜愚昧和战争。"皮埃尔与巴斯德有着相同的看法。

因为皮埃尔有着对科学的执着和科学能够战胜一切的信念，所以他一般很少参与政治。他向往民主思想和社会主义思想，但又不倾向于任何党派理论。他像他的父亲一样，信守公民应尽的义务。他反对使用暴力。在一封写给我的信中他写道：

> 如果有一个人想用头去撞一堵墙，直到把墙撞倒，你怎样看待这个人？也许这种想法是因一个非常美好的愿望而产生的，但是，真的发生这种行为就可谓荒唐至极了。我认为有些问题需要用一般的方法就可以解决，尤其是今天，不可用极端的方法来解决。人们一旦认准一条道路不肯回头的话，就可能干出许多坏事来。我还认为当今世界缺少正义，强权政治，或者说经济强国才可能胜出。一个人一直在辛苦地工作，却无法过上舒适的生活，这种结局通常会让人感觉气愤。但是，并不是因为你气愤，这种事情就会消失。这种情况也有可能会消失，因为人就是一部机器，从经济的角度来看，让一部机器在正常状态下而不是在强制状态下运转，才是最好的方式。

他就像在观察其他的事物一样观察自己的内心活动，清晰明确。既要忠于自己真正的意愿，又要尊重他人的观点，这是他一贯的原则。不顾此失彼，不避重就轻，多多谦让。他努力地迁就别人，试图将所有的矛盾都弱化到最小，但有些矛盾还是不可避免，为此，他常常会感到苦恼。

他在给我的一封信中写道：

> 我们大家都是情感的奴隶，都是我们所喜爱的人的成见的奴隶。我们还要谋生，因而成了一部机器的齿轮。最让人难受的是，我们必须向我们所生活的这个社会的种种偏见让步。让步的多少则取决于你自认为自己是强大还是弱小。如果你舍不得让步，你将被碾得粉碎。如果你过分退让，你会觉得自己就是个卑鄙小人，你就会对自己感到厌恶。今天，我已远离了我10年前所遵循的原则。那时候，我处理任何事都走极端，对周围环境绝不妥协。我当时以为，一个人就应该不掩饰其缺点，就像展示自己的优点一样。

这就是皮埃尔——一个没钱没权却想着与我这个一贫如洗的女大学生永结同心的人的真实想法。

假期结束，我们的感情日渐亲密，我们彼此都心照不宣，除了对方，再也找不到更合适的终身伴侣了。于是，1895年7月25日我们举行了婚礼。我们的仪式很简单，也没有什么宗教形式。因为皮埃尔是不信仰任何宗教的，而我也不是教徒。皮埃尔的父母、我的父亲和姐姐参加了我们的婚礼，我很高兴能成为这个家庭中的一员。

我们的家是一个很简朴的三居室，位于格拉希埃尔街，离物理和化学学校很近。我们的住所有一个最大的优点，就是面向一个大花园。家具是从父母家搬来的。因为经济条件的限制，我们没有雇人，我一个人包下了所有的家务活，还好我在学生时期就有了这个能力。

皮埃尔·居里的工资是每年 6000 法郎，他现在还不能做任何兼职。我一直在准备中学教师资格考试，以便获得一个教师资格，1896 年我顺利通过了考试。我们的所有生活都是围绕我们的科学研究来安排的。我们白天都泡在实验室里，舒赞贝格允许我陪伴在皮埃尔身边。

当时，皮埃尔正潜心于晶体形成的研究，他对此有着浓厚的兴趣。他试图弄清楚晶体的每个面是因为生长速度不同，还是溶解度不同而导致特殊的生长过程。很快，他就发现了一些有意思的结果，只是当时他并未发表出来。后来由于要继续放射性的研究他便不得不中断对晶体的研究。而这一时期，我正忙于淬火钢磁化作用的研究。

皮埃尔·居里教学备课非常认真。他的课程是新开课，校里没有规定他必须有教学大纲。一开始，他把自己的课程分为晶体学和电学两部分。后来，他渐渐感觉到要想培养出未来的工程师，电学理论课非常重要，于是，他便开始专门讲电学理论，并且成功地把这门课程列为正式课程。我最清楚，为了讲好这门课，他付出了多大的努力。他力求对种种现象、理论与观点的演变做出最形象的最全面的阐释，他一直想把自己的讲义装订成册，但因为一些事情一再耽误，最终也未能遂愿。

生活中，我们一直亲密无间，因为我们有着共同的兴趣：理论工作和实验室的实验，以及备课或者备考。我们一起生活了11年，从来没有分开过，所以这个期间我们没有信件的交流。每到休息日或者假期，我们就一起徒步或者骑车远足，巴黎的乡间、海边、山里，都留下了我们的足迹。如果偶尔闲待了两天，他就会对我说："我觉得我们已经好久什么都没干了……"他很喜欢和我一起一连几天外出郊游，每次都玩得非常开心，就像以前他和哥哥一起玩儿时一样。我们几乎跑遍了塞樊纳地区、奥弗涅山区、法国的海滨，还有一些大的森林。

我时常会忍不住回忆起当时的情景，我们被大自然拥抱，美景无处不在，让人流连忘返。有一次，我们用了好长时间气喘吁吁地爬上了奥布拉克高山草甸，那里空气清新，一片碧绿。还有一次，一天傍晚，我们在特吕埃尔山谷听到了一首民间小调，接着，见一只小船顺水而下，歌声也渐渐远去，我们仿佛置身于仙境一般，直到第二天清晨我们才回到住处。返程的途中，我们身边驶过一辆马车，拉车的两匹马可能是被我们的自行车吓到了，飞奔起来，我们于是放弃了大路，而是穿过一片田地，骑了很久才又回到大路上。此时的月亮隐约可见，太阳快要升起来了，牛栏里的奶牛用那温顺的大眼睛看着我们。

春天的贡比涅森林是迷人的，茫茫绿海，一眼望不到边，林间的长春花和野葵美不胜收，让人目不暇接。我们喜欢布列塔尼海边的宁静，喜欢海边长满的一片一片的金雀花田野，它一直延伸到菲尼斯代尔海角。

后来，我们的孩子出世了，像这样远游的机会就很少了，我们开始选择在一个固定的地方度假。我们的生活很简单，跟偏僻村庄的居民一样。有一次一位美国记者在普尔杜村找到我们时，竟然瞠目结舌。当时的我，正坐在屋前的石台阶上倒鞋里的沙子。

皮埃尔的父母也与我建立了很好的感情。我们经常去探望住在苏城的二老，二老也一直把皮埃尔成家之前住的屋子为我们空着，等我们回去住。我跟他的哥哥雅克·居里及他的妻子和孩子都相处得很好，我一直把他看作是我自己的哥哥，永远都是如此。

1897年9月我们的大女儿艾莱娜出生了，可遗憾的是没过几天，皮埃尔的母亲去世了，之后皮埃尔的父亲便搬来与我们同住。那时我们住在巴黎科勒尔曼大街蒙苏里公园附近的一幢房子里，我们一直住在这里，直到皮埃尔去世。

孩子的出生，使我们的研究工作也受到了影响，因为我需要为家务腾出更多的时间，还好，我可以把女儿托付给孩子的爷爷照顾，而且爷爷非常愿意照看她。家里成员增多，再加上请来的保姆，我们开始想办法开源节流。可是两年过去了，家里的经济状况依然如故，因为我们一心扑在了对放射性问题的研究上。1900 年，情况终于有了好转，而代价就是我们牺牲了搞科学研究的时间。

皮埃尔对生活中的各种应酬十分厌恶，他从来不愿意做一些类似登门拜访或是拉关系的事情，所以我们拒绝了一切社交应酬。皮埃尔不喜欢多言多语，他更喜欢一个人静静地思考。但是，他与儿时的朋友们却时常来往，与那些与他有着共同兴趣爱好的朋友更是接触频繁。

在皮埃尔的朋友中，里昂理学院的古伊教授是与他关系最为亲密的。他与皮埃尔在巴黎大学做教辅人员的时候就开始来往。后来，他们经常在信件中探讨科学问题，每逢古伊来到巴黎，他们俩便聚在一起讨论个没完。现任塞弗尔的国际度量衡标准局局长的纪尧姆也是皮埃尔的老朋友，他们经常在物理学会见面，有时候他俩还利用星期日去塞弗尔或苏城聚会。慢慢地，皮埃尔的身边聚集了很多更年轻的、也是做物理化学研究的朋友，他们都是当时最前沿的领域的研究者：在放射性研究上的合作者和亲密朋友德比埃纳；在 X 射线研究上的合作者乔治·萨涅克；他以前的学生、后来成为法兰西学院教授的保尔·朗之万；现为巴黎大学物理化学教授的让·佩兰；物理和化学学校的学生、现为巴黎大学化学教授的乔治·乌尔班。他们经常会到我们的住所拜访，与皮埃尔一起聊聊最近正在进行的试验，或是讨论一下新的发现和新的理论，他们的谈话很让人振奋。

　　皮埃尔不喜欢家里聚集太多的人，他更喜欢少数几个人聚一聚，他通常只参加一些学会会议。若是他偶尔参加了一次人数很多的交谈，如果谈话内容他不感兴趣，他就会独自一人坐在角落继续自己的思考。

　　我们与家中的亲戚也很少来往，双方的亲戚本来就很少，而且离得又很远。但是，只要是我的亲戚前来看望我，皮埃尔对他们都会很亲切。

　　1899 年，皮埃尔和我一起来到波兰的喀尔巴阡山，我的一个姐姐住在那里，她嫁给了德鲁斯基大夫，她自己也是学医的，他们在那里管理着一家大型疗养院。虽然皮埃尔不是很喜欢学外语，但是因为他很想了解我喜欢的东西，所以他开始想要学习波兰语，但是我并没有鼓励他学习，因为我觉得波兰语对他来说没有什么用途。他却对我的祖国有着深深的感情，他一直坚信波兰终会获得自由。

　　与皮埃尔的朝夕相处，让我更加了解了他，更加了解了他的思想。他比我想象中的皮埃尔更加好。我崇拜他那非凡的才能，惊叹他的思想水平之高，有时候我甚至觉得世界上没有任何一个人可以超越他。

　　我被他身上这种魅力深深吸引。如果说一开始是因为他沉思的面容和炯炯有神的双眼吸引了我，那当后来我发现他性格温和、待人和蔼后，就更加被他吸引了。皮埃尔从来不发火，你很难与他发生争吵。他的朋友虽然不多，但是他也没有一个敌人，因为他从来不会伤害别人，当然，前提是你不能让他背离自己的原则，因此，他的父亲称他是一个"温柔的固执者"。

他通常喜欢很直率地表达自己的看法，因为他一直认为外交方式般的交流太过可笑。而且，他的率真是出了名的，但他的这种率真可不是本能，而是经过深思熟虑的。也许是因为他懂得自我反省、自我批判，所以他才可以很清楚地看透别人的想法和意图。他心里那些坚定的判断是不会轻易说出来的，可是一旦时机合适，他便会把自己的看法全盘托出。

他还是一个很谦虚的人。他为自己的每一项实验的成功而高兴，他常常说："虽然我没有发表研究成果而别人发表了，可那有什么关系？"在科学研究上，他是只关心事而不关心人。他不喜欢争名夺利，就连中学里一些排名次、发荣誉证书之类的做法他都坚决反对。而对于那些他认为有能力从事科学研究工作的人他是从来都不吝赐教的，很多被他鼓励的人至今都对他怀着感激之情。

我一直认为他的处世态度已经达到了人类文明的高峰，他的行为更印证了他是一个好人。他很乐于助人，这与他所接受的教育是分不开的。他甚至可以为了帮助别人而牺牲自己的宝贵时间，而时间对他来说可是最最宝贵的。在他的眼里，钱财除去用来保障简单的生活那部分，其余的，就应该用来帮助需要帮助的人和贡献给自己热爱的工作。

他很爱自己的亲人和朋友。他的朋友不多，但每一个成为他朋友的人都可以感受到他对友谊的忠诚，因为他与他的朋友都有着共同的思想观念。不管是他对他的哥哥的手足之情还是对我的爱，都是那么的珍贵。他让我们感受到了从未有过的幸福和甜蜜，所以，当我们失去了这份爱的时候，我们根本无法面对这个残酷的现实。下面是我和皮埃尔一次短暂的分别时，皮埃尔曾经写给我的信里的一段话，充满了对我深深的爱：

> 我思念着你，你已经和我的生命完全融合在了一起，可我还希望你给我一些新的力量。我觉得每当我把全部思想集中在你的身上时——就像现在这样——我心里就会出现你的身影，就会呈现你的一颦一笑，就会让我感觉到我此时此刻已全部属于你了，但我睁开双眼却没能看见你出现在我面前。

我们有时候会很担心自己的身体健康，我们能不能在如此艰难的环境中一直保持充沛的体力，这也是一件无法肯定的事。就像所有的平凡夫妇一样，我们偶尔也会害怕悲剧发生。每当我有这种想法的时候，皮埃尔总是会对我说："无论未来发生什么事情，哪怕一个人成了没有灵魂的躯体，另一个人仍然要继续努力工作下去。"

V 梦想终成真

前面我曾提到过，1897 年的时候，皮埃尔一直在研究晶体的生成。而我在暑假开始之前，也完成了淬火钢的研究，并因此获得了国家工业奖励协会的一点儿补贴金。9月，大女儿艾莱娜出生。身体恢复好之后，我又继续回到实验室，为我的博士论文做准备。

1896 年，亨利·贝克莱尔发现了一个奇特的现象，这也引起了我和皮埃尔的注意。当时，伦琴发现了 X 射线，紧接着，很多位物理学家开始探究荧光物质在阳光照射下是否也能发射出类似 X 射线的射线来。亨利·贝克莱尔就是在研究铀盐的时候，意外地发现了一个与他探究的现象完全不同的现象：铀盐能够自发地放射出一种性质独特的射线。这就是放射性的发现。

亨利·贝克莱尔发现：把铀盐放在用黑纸裹得严严实

实的照相底片上，在暗处放几天，结果底片上就会出现一个影像，与铀盐在日光下放射的影像很像。这个显影是铀射线穿过黑纸留下的。这种铀射线就像 X 射线一样，能使验电器放电，把验电器周围的空气变成电导体。

亨利·贝克莱尔认为，铀盐的这种特性与它在暗处存放的时间长短是没有关系的，它的放射性是天然存在的。因此，问题来了，这种能量来自何处？尽管这个能量很微弱，但是它确实是不断地从铀盐中放射出来的。

我们对这个现象很感兴趣，尤其是这种全新的发现，尚无人涉及。我决定开始对这个问题进行探究。

要做实验，就要有研究场地。皮埃尔得到校长的批准，把一间储藏室腾出来借给我们使用。

为了能够对贝克莱尔获得的结果进行进一步研究，我们需要使用精确的定量测量，而铀盐辐射的射线在空气中产生的传导性是最适合计量的现象。这种现象就是电离作用，X 射线也有这种现象，并且 X 射线的主要特性也是从电离现象中得到的。

为了测量出铀盐辐射使空气离子化时产生的相当微弱的电流，我使用了皮埃尔和雅克·居里兄弟俩发明的测量仪器，具体操作方法就是利用电离作用引起的微小电流所含有的电量，在一极灵敏的静电计中，与一压电石英结晶所得到的电量相平衡，从而计量出极微小的电流。所以，我们需要一个居里静电计、一块压电石英晶体及一个电离室。电离室是由一个平板电容器组成，上板与静电计相连，下板涂有薄薄的一层需要计量的物质，再加上一定数量的电压。

我的实验结果证实了铀盐的放射性是可以准确地测量出的，而这种放射性是铀元素的一种原子特性，其放射性的强度只与化合物中所含铀的数量成正比，并且不受化合物的化学性质的影响，也不受光、热的影响。

我开始探寻是否还存在其他的也具有放射性的物质，我把当时知道的所有元素，包括纯元素和化合物，统统研究了一遍。结果发现只有钍的化合物可以放射出与铀相似的射线，钍的放射性强度与铀相当，并且它的射线也有钍元素的特性。

自此，就需要给铀和钍的这种新性质起一个新名字了，我建议为"放射性"。之后，这个名称就被广泛使用开了。具有放射性的元素就被称为"放射性元素"。

在研究的过程中，我不仅分析研究了一些简单的化合物，比如各种盐、氧化物，还分析了一些矿物。其中含有铀和钍的矿物也具有放射性，但是这种放射性似乎不太正常，它们放射性的强度明显比纯铀和纯钍的放射性要强。

这种现象让我们很惊讶，当我排除了这可能是实验本身的错误之后，便开始为这个意外的现象找答案。于是，我先假定这种矿物中除了铀和钍以外还存在另外的一种元素，它的放射性比铀和钍还要强。这种元素很可能是一种未知的新元素。

我迫不及待地想要证实我的这种假设，皮埃尔对此也充满了兴趣，他暂停了他的晶体研究，同我一起寻找这个新元素。

我们选取了一种叫作沥青矿物的含铀矿石，它在纯净的状态下放射性比铀强4倍。

因为我们已经通过精确的化学分析掌握了这种矿石的成分，所以我们期待从中找到百分之一的新元素。之后，我们确实在铀沥青矿石发现了新元素，但含量甚微，还不到百万分之一。

我们先用普通的化学分析法将铀沥青矿石中的各个组成部分分离开，然后在适当的条件下测量各个组成部分的放射性。利用这种方法，我们就可以测量出一部分分离出来的放射性元素的化学特性。之后，我们发现未知的放射性元素主要集中在两种化合物中，我们借此推测，铀沥青矿石中至少有两种未知的新放射性元素，于是我们给这两种新元素起名为钋和镭。1898年7月，我们宣布发现了钋，当年12月，我们又宣布发现了镭（镭的发现是我们与贝蒙一起宣布的，因为他与我们合作做过实验）。

虽然研究进展很快，但是研究还不算完成。我们肯定这两种元素的存在，但是要得到化学家的认可，则需要把这两种元素完全分离开来。但是这两种元素的含量极其微弱。钋与铀沥青矿石中提取出的铋化合，镭则与钡化合。

虽然我们找到了将钋和镭从化合物中分离出来的方法，但是这种方法需要大量的铀沥青矿石。

而在整个研究过程中，我们也受到了外界条件的限制：地方有限、资金不足、人员短缺。

铀沥青矿石是很昂贵的，我们当时没有足够的资金来购买以供研究之用。这种矿石的主要产地是波希米亚的圣约阿希姆斯塔尔，奥地利政府在那里开了一个采铀矿。我们推测，在提炼完铀残留的矿渣中一定也会有镭和钋的存在，而对他们来说这些矿渣是废弃物，所以我们在维也纳科学院的帮助下，花了很少的钱买到了好几吨的矿渣，用于我们做实验的材料。

至于场地，则成了我们最大的难题。我们选中了一个废弃的仓库，与我安置静电仪器的房间隔着一个院子。这间仓库不过是个木棚子，沥青地面，屋顶是玻璃的，因为时间太久了，屋子已经破旧不堪，还漏雨。屋子里只有几张破旧的松木桌子，一只不起作用的取暖炉，还有一块黑板，皮埃尔时常在上面写写画画。做化学实验免不了会产生有毒气体，因为木棚子里没有通风设备，所以有的实验只能挪到院子里去做。但是遇到刮风下雨就麻烦了，只能把窗户全都打开。

在这个临时实验室里，我们两个人独自研究了两年，我们一起做化学分析，一起获得了越来越多的放射性提炼物质。但是后来，为了提高效率，我们不得不进行了分工：

皮埃尔继续研究镭的放射性，而我则主要做化学分析及提炼纯净的镭盐。我要处理的原材料一次能达到20公斤，因此装满了液体和沉淀物的大容器堆满了屋子。往容器里添水，用大铁棒搅动大铁锅里的煮沸的铀沥青矿渣，几个小时不停歇，真的要把我累倒了。我从矿石中提炼出含有镭的化合物——氧化钡之后，再采用分步结晶的方法将它们分离、提取。最后，把镭元素全部集中于难溶解的化合物中。但是因为我们进行提炼的环境灰尘和煤烟太多，所以无法保证结晶的纯净度。

经过一年的努力，我们发现镭元素的提取较钋元素更为容易。所以，我们开始全力提取镭元素。我们对提取出来的镭元素进行放射性研究，我们还把一些镭盐样本送给其他的科学家使用。下面，我将引用波尔森写给皮埃尔的一封感谢信里的内容：

尊敬的先生和同事：

我在冰岛北部收到了您于8月1日写来的信，不胜感激。

我们先前计量一个固定导电体的某一点的电压时是根据其周围的空气来确定的，现在我们已放弃了这种方法，而改用您的放射性粉末的方法……

1899年至1900年期间，皮埃尔和我发表过几篇论文，一篇是关于镭产生感应放射性的发现的论文，一篇是关于放射线的作用的论文，还有一篇是论述放射线所携带的电荷的问题，另外，还有一份关于新的放射性物质及其放射性的报告，这是皮埃尔于 1900 年，在物理学会大会上做的报告。除此之外，他还曾发表了一篇关于磁场影响放射线的研究报告。

通过我们及其他几位科学家的努力，我们取得了很重要的成果——认识了镭的放射出的射线的性质，展示了这些射线属于三种不同的范畴。一种是镭放射出的一些放射性的微小粒子束，它的运行速度快，其中一些带着正电，构成 α 射线；一种是更加细小的，带着负电的微小粒子束，构成 β 射线。这两种射线会受到磁场的影响。第三组射线由 γ 射线构成，它不受磁场的影响。今天，我们又知道它是与光和 X 射线相似的一种辐射。

最让我们兴奋的发现是含镭丰富的化合物竟然可以自行发光。皮埃尔曾经设想过它们会是五颜六色的，但是谁都没有真的想到它们能够发光，这个发现远远超出了皮埃尔的想象。

在 1900 年的物理学会大会上，我们将新放射性元素的最新研究成果向全世界的科学家进行了仔细地介绍。我们的这项研究成果，成了大会的新亮点。

这项新的研究发现，让我们更加不顾一切地投入到了新领域的研究中。虽然研究条件依然没有改观，但是我们却因为自己获得的成果而欣慰。我们一天一天地泡在实验室里，废寝忘食地做研究。有的时候，在等待一项结果出来时，我们会在屋子里兴奋地坐立难安。寒冷的天气里，当我们浑身发冷的时候我们就会喝一杯热茶来暖身子。我们工作的这种热情，让我们这间破旧的实验室都洋溢着快乐的气氛，也让我们完全忘却了自己身处的恶劣环境，完全沉浸在实验研究中。

我们对研究工作的热爱几乎已经到了痴迷的程度，有时候吃过晚饭，我们也忍不住要回到木棚里看一眼。因为没有地方放置我们的这些宝贝成果，我们把它们全摆在桌子上、木板上，放眼望去，它们那些微微发光的身影着实让我们着迷。

虽然学校没有给皮埃尔安排助手，但是皮埃尔当实验室主任的时候，有一个助工曾经帮他进行过操作，这个人就是佩蒂，他与我们之间也因为工作的关系产生了深厚的感情。他是一个很善良的人，只要他有时间就会来实验室帮助我和皮埃尔，而且他很关心我们实验的结果，有他在，我们的工作轻松了很多。

最初的放射性研究工作，只有我和皮埃尔两个人在进行。但是随着研究任务的加重，我们明显感到两个人的力量已经完全不够了。1898 年，学校实验室主任贝蒙曾帮助过我们一段时间。1900 年，皮埃尔认识了安德烈·德比埃纳，这是一位很年轻的化学家，也是弗里代尔教授的助教，教授对他一直有着很高的评价。在皮埃尔的邀请下，安德烈·德比埃纳也加入了我们的研究队伍。当时我们又有了一个新发现，铁族和稀土族元素中可能存在一种新的放射性元素，所以安德烈负责这项新的研究任务。经过艰苦地实验，安德烈最终发现了这种新元素，我们把它命名为锕。安德烈与我们越走越近，直到后来，他真的成了我们最亲密的朋友之一，并且成了皮埃尔的父亲和孩子们的挚友。

在我们做研究的同时，一位名叫乔治·萨涅克的物理学家在对 X 射线进行研究，他是一位很年轻的科学家，经常到我们的实验室找皮埃尔探讨问题。他认为 X 射线和它附带产生的射线，以及放射性物质产生的射线之间，很可能有相似的地方。于是，在他的提议下，皮埃尔和他便开始对这个猜测进行研究。

我们的实验室很少接待合作者之外的客人。很多物理学家和化学家，出于皮埃尔在物理学界的名气的认可，经常会来到我们的实验室，他们要么是参观我们实验的，要么是向皮埃尔求教的。他们每次的讨论至今仍让人意犹未尽。这些激人奋进的讨论，能够激发你无穷的想象力，引导你积极动脑，让你对科学的兴趣高涨。

Ⅵ 为争取工作条件进行斗争

　　我和皮埃尔把全部的精力都投入到实验研究中，以至于我们对自己的生活没有任何要求，我们的生活极其节俭，可是 1900 年，我们的生活状况已经到了无法维持的地步。皮埃尔从来不抱希望可以在巴黎谋得一个好一点儿的工作，虽然巴黎的教职薪酬也不高，但是至少可以满足一个正常家庭的生活所需。如果皮埃尔上过巴黎高等师范学院，或是读过巴黎高等综合工艺学校，或许他还可以得到一个不错的职位，因为巴黎的重点大学对他们自己的毕业生是有特殊支持的，但是皮埃尔没有读过这些学校。虽然他可以凭借自己的能力得到一些职位，但是没有人会先想到他。1898 年年初，巴黎大学物理化学的主讲教授去世，皮埃尔去申请这一职位，却被拒之门外。这一次的失败让皮埃尔有些失望。1900 年 3 月，他担任了巴黎高等综合工艺学校的辅导教师一职，但也仅仅只工作了半年时间。

1900 年的夏天，我们收到了一个喜讯：日内瓦大学聘请皮埃尔担任物理学讲座的教授。日内瓦大学校长表达了极大的邀请诚意，并声称，如果可以请到皮埃尔如此著名的科学家来自己的学校任教，他会为皮埃尔提供优厚的待遇，并且会为皮埃尔建一个物理实验室，来满足我们的实验需要，而且我也可以在这个实验室工作。我们很珍惜这个难得的机会，于是专程去日内瓦大学参观了一下，在那里，我们得到了非常热烈的欢迎。

是否要接受日内瓦大学校长的邀请，对我们来说实在是一件非常难抉择的事情。一边是日内瓦大学给予的丰厚的物质待遇，以及学校里如同世外桃源一般的环境。另一边是镭研究刚刚进入关键阶段，环境的改变很可能导致镭研究的失败。所以，皮埃尔最终还是谢绝了校长的好意。

与此同时，巴黎大学物理化学和博物学课程（P. C. N）的物理课教授职位空缺，皮埃尔希望可以申请到这个职位，在亨利·普安卡雷的鼎力推荐下，皮埃尔得到了这个教授席位。而我也有幸收到塞弗尔女子高等师范学校的聘书，担任物理课教授。

就这样，我们顺利留在了巴黎，生活境况也有了好转。但是，我们的研究工作却因此受到了影响。皮埃尔担任两门课程的教授，这两门课程还都是大课，每个课程都有很多的学生，备课费时费力。而我也需要花费很多时间来备课，并且为了提高学生的动手能力，我还要组织我的学生做实验。

皮埃尔在巴黎大学只有一间小小的办公室和一个大教室，可是他却需要独立的实验室来做研究。皮埃尔时任巴黎大学的教授，于是他准备挑选一些学生来帮助他做研究，因为当时放射性研究工作已经取得了难得的进展，他必须要这样做。为了找到一个合适的实验工作场所，他四处奔走，一次一次给相关部门写书面申请，层层审批，层层阻碍，皮埃尔又是最讨厌做这种事情的，但是为了自己的实验室，他又不得不硬着头皮上。每次回来，皮埃尔都被折腾得筋疲力尽。同时，他还不能耽误教课和实验工作，所以，他总是拖着疲惫的身体穿梭于课堂和我们的木棚实验室。

当时的实验工作，对于一些原材料的处理需要用工业手段来解决，我们总结出了一套最佳的处理方案，并且找来了几个志愿者，终于帮助我们完成了这些材料的处理工作。

其实在1899年的时候，皮埃尔就独自成功地进行了第一次工业处理实验，使用的是化学品研究中心提供的临时装置。对使用工业方法进行镭的提炼的技术，他曾与德比埃纳进行过详细地探讨，所以，正式试验的时候，效果还不错。事实上，这种化学实验对操作人员的专业能力要求是很高的，因为这是一项非常严谨细致的工作。

　　我们的研究工作，带动了国外一些相似的实验工作。皮埃尔一向是很慷慨的，他决不同意我们依靠自己的实验发现来获取任何物质利益，在这一点上，我跟皮埃尔是保持一致的，所以我们一直都未申请任何专利，非但如此，我们向外界公开了我们所有的研究成果及提炼方法。还有一些对实验很感兴趣的人，我们也无偿为其提供研究所需的资料。我们的这种做法，对镭工业而言是很有好处的，而这一工业也迅速在法国，甚至在其他国家迅速发展起来，为科学和医学事业提供了很好的产品。而我们研究出的这种工业方法也一直沿用到今天。

　　虽然我们的这项研究方法得到了大家的认可，但是因为我们自身条件有限，很难继续进行下去。就在我们进退两难的时候，一位法国企业家对我们的这一实验很感兴趣，他叫阿尔梅·德·里斯勒。1904 年的时候，他就想建立一座大的制镭工厂，为医院提供这种产品。因为当时很多报道称镭对生物和治疗有很好的效果，医生们对此深信不疑，所以对镭的需求量很大。他的这种想法，在当时算是相当大胆的。他从我这里雇了一些接受过培训的人员进行精细工作，其中包括奥德潘和达纳。至此，镭开始出现在市场上，并且受到制作工程和原材料提价的影响，它的售价昂贵。同时，我们也要很感谢阿尔梅·德·里斯勒，因为他从他的工厂里划出了一块儿地方归我们使用，并且为我们的研究工作提供了一部分经费。其余的部分来自自筹或一些补贴，其中最大一笔是 1901 年科学院提供的两万法郎。

之后，我们把我们所有的铀沥青矿石都用来提取镭。原矿石提炼含镭的钡盐的工作可以在工厂里进行，而我则主要负责在实验室里进行精炼和结晶工作。1901 年，我成功地提炼出一分克纯氯化镭，获得了镭元素的光谱。我第一次测出了镭元素的原子量，远远高于钡的原子量。至此，镭在化学上被正式确认为一种新元素。

1903 年，我完成了我的博士论文。

紧接着，随着提炼出的镭越来越多，我在 1907 年对镭的原子量进行了第二次测定，这次的测试结果更为精确，为 225.35，现在通常使用的镭的原子量为 226。我与德比埃纳一起提炼出了纯金属镭。我先后一共提炼出一克多的镭，与皮埃尔协商之后，我们决定把它们全部放在实验室里以供使用。

镭的放射性远远超出了我们的预期。相同重量的镭和铀，镭的放射性是铀的一百万倍。据此我们就可以推测，在铀沥青矿石中，镭与铀的含量比例大约为三分克比一吨。这两种物质的关系极其紧密，基本是同时存在于矿石中。而今天，我们也知道了矿石中的镭是由铀衰变而成的。

在 P. C. N 任教的那几年，对皮埃尔来说是十分艰苦的几年。他要面对各种各样的难题，并想尽一切办法来解决，而对于皮埃尔而言，能够把所有的精力都放在实验上才是他最快乐的事。课程的繁重，实验的投入，让他的体力大量透支，常常浑身疼痛。

　　或许减轻一些教学任务，可以让他的身体状况得到一些缓解。正在这时，巴黎大学矿物学讲座教授职位空缺，他想申请这个职位，就资历来讲，他是完全有能力胜任的，并且他发表过晶体物理方面的很有深度的文章。但是，他却没能获得这个职位。

　　可皮埃尔并没有受到影响，即使是在这么艰难的情况下，他竟然以超常的毅力完成并发表了好几项研究成果。主要的实验成果包括：感应放射性研究（有些是与德比埃纳合作的，有些是与达纳合作的）、镭射线与 X 射线在电解质液体中引起的导电性研究；镭射气的衰减律及镭射气与其沉淀物的放射性常数的研究；镭释放热量的发现（与拉波德合作）；镭射气在空气中漫射的研究（与达纳合作）；温泉产生的气体的放射性研究（与拉波德合作）；镭射线的生理影响的研究（与亨利·贝克莱尔合作）；镭射气的生理效应的研究（与布萨尔和巴尔塔扎尔合作）；决定磁性常数的仪器简介（与什纳沃合作）。

　　以上每一项研究都是基础性研究，所涵盖的内容非常广泛，其中有好几项是研究镭射气的。镭射气是镭产生的一种气体，镭的放射性主要来自于镭射气。经过很深入地研究，皮埃尔发现这种镭射气可以自行衰变，然后消失，而且衰变的过程有其自身的规律，不会受到外界的影响。目前，镭射气通常都是用细小的玻璃瓶来收集的，医生们经常使用它来给病人治病。在治疗技术上，镭射气比镭更加方便。但是，医生要使用镭射气时，一定要查阅数学图标，知道镭射气每天的衰减数量。因为镭射气即使是密封在瓶子里，也依然会衰减。据说有的泉水也可以治病，也是因为泉水里含有少量的镭射气的原因。

在皮埃尔的研究中，对镭产生的热量的发现结果是最惊人的。通常，镭每小时产生的热量可以融化与它自身重量相等的冰块，而镭的表面并不会有什么变化。如果不让镭的这些热量发散的话，镭自身的温度可以达到10℃。这种现象与当时的科学实验数据出入很大。

最后，我还要强调一下镭的生理效用，它有很强大的消肿功效，这是由吉赛尔发现的。

为了验证吉赛尔发表的这项研究结果，皮埃尔用自己的胳膊做实验，皮肤裸露在镭的照射下好几个小时，结果，他的胳膊就像是被灼伤了一般，并且不断地向周围皮肤扩散，几个月之后才恢复。亨利·贝克莱尔把一只装着钡盐的玻璃管放在衣服口袋里，也被灼伤了。他却兴奋地跑来告诉我们镭对他的伤害，不停地叫着："这个让我又爱又恨的镭！"

皮埃尔在确认了镭的医疗效用之后，开始与医生们合作，并用动物进行试验。这些实验，就是镭疗方法的起点。最开始实验用的镭都是皮埃尔提供的，主要医治的是一些狼疮或者其他的皮肤病。如此一来，镭疗法，又称为"居里疗法"便在法国盛行起来，后来在一些法国医生的研究下，这一疗法有了更大的发展。

而同时，国外也在频繁地开展放射性的研究，新的发现不断出现。一些科学家按照我们发明的化学分析法积极地寻找新的放射性元素。不久，钍被发现了，并且成为医学上经常使用的放射性物质。紧接着，镁、锕等放射性元素陆续被发现。直到现在，我们已经发现了 30 多种放射性元素，其中 3 种为射气。镭却在这 30 多种放射性元素中一直占据着最重要的位置，原因就是它的放射性极强，但是衰变却很慢。

1903 年是放射学发展最重要的一年。皮埃尔在这一年发现了镭可以产生热量，而且其自身表面却没有任何变化。而同时的英国，拉姆塞和索迪宣布：镭可以不断地产生氦气，这说明原子是可以变化的。如果我们把镭盐加热到熔点，然后密封在真空玻璃管里，再加热，它们就会放出少量的氦气，我们可以借助光谱仪来确定氦气的存在。对这个实验结果，我们做了无数次的验证。这就是原子是可以变化的第一个例证。虽然我们还无法控制这种变化，但是原子是不可改变的理论彻底被推翻。

之后，结合这种实验结果，以及吕特福和索迪的总结，一种叫作放射蜕变的理论被提出，而今天已经被大家接受了。我们可以由这个理论得出：任何放射性元素，即使它表面上没有任何变化，它的内部也在进行着蜕变，蜕变越快，放射性就越强。

放射性原子的蜕变有两种方式：一是原子本身发射出一个速度飞快且带有正电的粒子，即 α 射线；二是原子本身发射出我们在现代物理学中已经非常熟悉的电子，即 β 射线。电子在速度不太快时，其质量仅仅是原子量的一千八百分之一，但当它的速度接近光速时，其质量将会大为增加。任何放射性原子，无论是以哪一种方式蜕变之后，剩下的原子就与原来的原子不再相同了。剩下的原子还会继续蜕变，一直蜕变到它不再具有任何放射性，成了一个稳定的原子为止。这种稳定的原子就是非放射性元素。

因此，α 射线和 β 射线都是由原子分裂而来的。γ 射线则不同于 α 射线和 β 射线，它是原子蜕变时所产生的一种辐射，与光相似。这些射线的穿透性能都很强，近年来一直被用做治疗的手段（吕特福最近利用 α 射线的内在能量把某些原子击碎，例如氮原子）。

因此，放射性元素有好几族，每一族中的放射性元素均由其前一个元素蜕变而来，而每一族中的原始的元素则为铀和钍。我们甚至可以证实，镭是由铀产生的，而钋又是由镭产生的。既然每个放射性元素都是由其母体所产生的，又自行蜕变并产生其他的放射性元素，那么，这些元素与其母体并存时，其数量就不会超过一定的比例。正因为如此，在原始矿石中，镭与铀的数量就有着一种不变的比例。

放射性元素的自行蜕变是按照一个被称为"指数定律"的规律进行的。根据这一定律，每一个放射性元素减少到它原来的重量的一半所需要的时间被称作"半衰期"，而每一个放射性元素的半衰期是不会变的。知道了半衰期，就可以确定出某个元素是何种元素，绝不会有差错。各个元素的半衰期都不尽相同，而测定的方法也各有不同。铀的半衰期为几十亿年，而镭的则约为一千六百年，其射气的周期不到 4 天，在由镭射气直接蜕变来的元素中，有的半衰期甚至都不到一秒钟。这种指数定律有着一种深远的哲学意义，它表明蜕变是按照概率规律产生的。决定蜕变的原因至今还是个谜团，我们尚不清楚是由于原子外的偶然情况造成，还是内部的不稳定性使然。总之，直到目前为止，不管用外在的什么物质干预都不会对这种变化产生有效的影响。

这些发现，推翻了我们之前的物理学和化学的各种科学观念。这些发现，也从开始的被怀疑，变为后来的完全被相信。而同时，皮埃尔的名字也被国内外所熟知。1901年，他被法国科学院授予拉卡兹奖。1902 年，曾给予皮埃尔无数支持的马斯卡尔鼓励他申请法国科学院院士。皮埃尔其实是不愿意的，因为他认为院士的获得，不应该让他自己四处拜访、到处活动。但是，马斯卡尔一再劝说，而且科学院物理所全体同仁一致推荐他成为院士，所以，他提出了申请，但是却没有成功。直到 1905 年，他才申请成功。

1903年，在英国皇家学会的盛情邀请下，我和皮埃尔一同前往英国伦敦做镭的相关报告，我们在当地受到了热烈的欢迎。最让皮埃尔高兴的是他在伦敦见到了开尔文爵士。开尔文爵士很赞赏皮埃尔，虽然他年事已高，但是对科学的热情丝毫不减。我们当时见到了很多著名的科学家：克鲁克斯、拉姆塞、德瓦等。后来，皮埃尔还同德瓦一起发表了一篇研究报告，报告的内容是关于镭在低温条件下释放的热量，以及镭盐产生的氮气的研究。

几个月后，伦敦皇家学会为我和皮埃尔授予了戴维奖章。更让人兴奋的是，我、皮埃尔和克莱尔就在此时共同获得了1903年度的诺贝尔物理学奖。但是因为我和皮埃尔身体不适，所以我们都未能参加颁奖仪式。1905年6月，我们前往瑞典首都领取这个奖项，大家对我们的到来表现出了极其热烈的欢迎，那次的颁奖典礼让我至今记忆犹新。

诺贝尔基金会于1901年刚刚成立，在当时享有很高的威望，而且它给予的奖金相当可观。所以，能够获得诺贝尔奖对我和皮埃尔而言无疑是一件了不起的大事。自此，皮埃尔之前的教学职位就由保尔·朗之万接任。朗之万是皮埃尔的学生，也是一位很有才的物理学家，热心的皮埃尔还帮他聘请了一位助手。

但是，媒体对此的大肆宣扬让我和皮埃尔无法承受，因为我们对此完全没有经验，不知如何应对，每天都要迎接大量的来访者，信件铺天盖地而来，约访、约稿、做报告，无数的工作让我们疲于应付。皮埃尔是一个不喜欢拒绝别人的人，但是他自己也清楚，长期下去，不仅他的身体受不了，他清醒的头脑和思绪也会被牵连。于是，他在寄给纪尧姆的信中写道：

> 他们不停地让我写文章、做报告，如果我的时间就消磨在这些事情上，那么那些请我写文章做报告的人也将终有一天无法接受我的虚度年华。

他在寄给古伊的信中也表达了同样的感慨。古伊后来把这些信又转给了我，我很感谢古伊。皮埃尔在信中曾经这样写道：

> 如您所见，此时此刻的我们是幸运的，但是，这种幸福却也带来了无尽的烦恼。我们从未像现在这样不得安宁。有几天，我们甚至连喘口气的休息时间都没有。要知道我们都是曾经梦想着远离人群、在荒郊野外生活的呀。
>
> 1902 年 3 月 20 日

> 亲爱的朋友，很早就想给您写信了。请您原谅我的拖延。可如果您知道我现在过得有多么荒唐愚蠢，

恐怕您就不会责怪我了。想必您已经知道了，现在镭成了热门话题。这使我们一时间声名鹊起，世界各国的记者和摄影师随时跟着我们做记录，他们甚至把我女儿同保姆的谈话都当作新闻在炒作，连我们家的猫也成为新闻明星了。此外，还有不少人要求我们捐款。索要签名者、势利者、高阶层人，有时还有一些科学家也找上门来，不仅把我们洛蒙街的家弄得不像个家了，而且，在实验室里我们也没法安心地工作。每天晚上还得安排时间回复大量的信件。我真是不胜其烦，脑子整天昏昏沉沉的。要是经过这么一番折腾，我可以因此获得大学的一个教席和一间实验室，那也算值得。可事实上，教席之事仍在计划之中，而实验室更是个没影儿的事。我倒是宁愿先有实验室，但里亚德院长却认为应趁这个热乎劲儿先建立一门新课程，并且要先明确大纲，不能与法兰西学院的一门课相似。这样一来，我年年都得编教材，这就会给我添了很多麻烦。

1904 年 1 月 22 日

我不得不放弃瑞典之行。您已经看到了，我们已完全违反了瑞典科学院的规定。说真的，我的身体状况实在太差了，稍稍劳累一点儿都受不了。我妻子的健康状况也不是很好。我现在根本不敢奢望像过去那样进行繁忙的研究工作了。

至于研究工作，我现在什么都没做。每天讲课、指导学生、安装仪器设备、应付找上门来却又没什么要紧事的人……这些琐事已经让我虚度年月，没做出一件有用的事情。

1905 年 1 月 31 日

我亲爱的朋友：

我们非常遗憾您今年没能来我们家，但愿 10 月份可以见到您。两个人如果不时常见面，最后就有可能失去自己最要好的、最亲密的朋友了，只好去见其他一些不相干的人，唯一的原因就是他们容易见到。

我现在仍旧是忙忙碌碌，但没做任何有意义的事。

我已经一年多没有搞研究了，可我也没有一时一刻是属于我自己的。显然，我还没有找到防止我们的时间被弄得支离破碎的办法，可我一定要找到它。站在理性的角度看，这可是有关生死存亡的大问题。

1905 年 7 月 24 日

我的课程明天正式开始，可实验室尚未充分准备好，所以心里很不痛快。上课的地方在巴黎大学，可实验室却在居维埃街。另外，还有几门其他课程也在同一教室上，而且只有一个上午的课，我可以利用这间教室好好地备备课。

虽然还没到卧床不起的地步，但我的健康状况却不是很好，总觉得浑身乏力，更没有体力搞实验研究了。我妻子好一点，她总是活蹦乱跳的。除了照顾两个女儿外，她还得跑到塞弗尔女子高等师范学校去教课，另外，还要到实验室做实验，真够她忙的。她每天有大半天的时间可以在实验室里指导实验和自己做实验，在这点上，她比我强得多。

1905 年 11 月 7 日

尽管疲于应对外界的干扰，但是通过我们的努力，我们的生活依然保持着简单充实的样子。1904 年年末，我们的二女儿艾娃诞生了。皮埃尔的父亲也一直与我们同住。

大女儿在一天天长大，慢慢变成了父亲的小伙伴。皮埃尔很注重对她的培养和教育，只要一有空就会带着她出去散步谈天。他会耐心地解答女儿所有的问题，而且他很高兴女儿的小脑袋里装着这么多小问号。

虽然皮埃尔在国外的名声越来越大，但是法国对他的认可与崇敬却是缓缓而至。45 岁的时候，他已位列法国科学家前列，可是在教学岗位上，他的地位仍然很低。这种非常态的现象在社会上引起了不小的动静。在这股舆论的推动下，巴黎科学院院长里亚德终于提出要在巴黎大学创建一个新的教学席位。皮埃尔因此获得了巴黎大学理学院的正教授头衔。其实在这个席位新设置之前，困难很大。一开始学校的计划是只设置讲座而没有实验室。皮埃尔认为如果接受了这个新职位但是却失去他的实验室，他宁可放弃。于是，他给上级写信，拒绝接受新职位。最终，因为他态度坚决，获得了成功。除了接受了新教席，他还获得了一笔经费用来创建实验室和聘请人员。实验室有一名主任、一名助教和一名杂役。我来担任实验室主任，皮埃尔也很满意这样的安排。

　　虽然在学校的时候条件很艰苦，但是我们却度过了很幸福的实验研究生活，真的离开，总会有一种恋恋不舍之情。我们很留恋那间木棚实验室。我们时常会回去看一看。后来，学校要建新校舍，不得不把它拆掉了。准备拆毁的当天，佩蒂跑来通知了我，我独自一人过去默默地看着被拆毁的实验室。黑板上还留着皮埃尔的笔迹，我分明还能看到他留在每个角落里的印迹，可惜一切都已经成了幻觉。物是人非，我是多么想再看一看那个高大的身影啊，多么想再听到他那熟悉的声音啊。

　　虽然创办新讲座的决议通过了，但是实验室还是没有创建起来。皮埃尔继续留在原来的小实验室里，同时借用学校里一个独立的大教室，又在院子里搭建了一个小屋和一个工作间。

　　每每想到这是法国给予皮埃尔最后的关照，我就心如刀绞。一个 20 岁就展露才华的法国一流科学家却没有一间可供做实验的好的实验室，直到皮埃尔 47 岁去世，仍未能如愿，这实在让人无法接受。如果他能多活几年，我相信他的工作条件一定会比现在好很多。皮埃尔为了伟大的科学事业献出了自己毕生的心血，然而现实的条件所限却最终让他抱恨终生。一个伟大的科学家、一个国家的宝贵财富，就这样失去了，这是国家和人民的巨大损失。

皮埃尔对实验室的渴望从来没有消失过。1903 年，当他的领导要求他接受荣誉骑士团勋章时，他就像上次谢绝教育棕榈奖章一样，谢绝了对这枚勋章的接受，而他的要求只有一个。他在写给领导的信中是这样说的：

> 请代为向部长表示谢意，并请转告部长先生，我不需要任何的奖赏，只盼能给我一个我所急需的实验室。

皮埃尔在巴黎大学开设了一门新课。当时约定讲课内容由他决定，讲课范围也完全由他自己选择。趁着这个机会，他选择了自己喜欢的课题——对称性定律、矢量和张量场研究，并把这些概念运用到晶体物理学中。他尽全力充实自己的讲课内容，使他的这门课成为晶体物理学的一门完整的课程，这一课题在当时的法国很少有人问津。除此以外，他还讲授放射性，并讲述了自己在这一新领域里的科学发现，以及由此带来的科学革命。

尽管备课繁忙，身体又不是很好，但是他依然在实验室工作。实验室的各项工作都在有条不紊地进行。由于地方扩大了，他还可以带着几个学生一起做研究。他与拉波德一起研究矿泉水及矿泉水释放的气体的放射性，并发表了一份研究报告，而这份报告，也是皮埃尔最后的一份研究报告。

此时的皮埃尔，才华已经到了登峰造极的程度。皮埃尔对物理学理论的见解之深、理解之透，让我们每个人由衷地敬佩。在对各种自然现象进行观察时，他似乎具有天生的超凡的能力，而长期的实验室研究，让他获得了独特的见解。他甚至对他做实验的精密仪器都充满了感情。我有时候会拿这个对他开玩笑，说他半年不弄出个新仪器就奇痒难耐。他与生俱来的好奇心和想象力，让他有足够的精力不厌其烦地涉足不同领域，在不同的研究课题间转换易如反掌，而这一点不是所有人都可以做到的。

他对待要发表的研究报告相当严谨认真。即使一份报告已经做得很完美了，他仍能够不厌其烦地修改，几乎字字斟酌，哪怕有一点点表述不清的地方，他都必须要改到无可挑剔才行。以下是他针对这一点的看法：

在研究未知现象的过程中，我们可以先做一些保守的假设，然后在实验的过程中慢慢地向前推进，这种按部就班又稳妥可靠的办法效果必然会缓慢。相反，我们也可以选择一些大胆的假设，先确定现象的机理。这种方法的优点是可以在假设的基础上设想某些实验，这样不仅有利于推论，还可以通过这种图像的方式让推理变得不那么抽象。反之，通过实验结果来寻找一个复杂理论，那就很难了。精确的假设虽然包含了真理的成分，但必然也存在着一部分错误。而这一部分真理即使存在，也只不过是一般性见解的一部分而已，迟早还要回过头重新审视它。

尽管他提出的假设很大胆，但是在没有确凿的证据之前他是绝对不会空发评论的。他更喜欢先找几位研究人员，平心静气地深入讨论一下。当时，在放射性研究处于高潮期时，他却决定要暂缓一下这方面的研究，转而开始对中断了的晶体物理学的研究工作。

皮埃尔的授课也是力求精益求精，他认为无论是对课程的要求还是讲课的方法，都应该以实验和与大自然的接触作为基础。当学员教授委员会成立时，他就希望同仁们能接受自己的观点，并表示："科学教育应该是男子中学和女子中学的主修课程。"但是他自己又说道："这个是不会获得通过的。"

可惜，皮埃尔生命中最出成果的这个时期在慢慢走向尾声。正当他的工作条件渐渐好转之时，他的科学生涯戛然而止。

1906 年，皮埃尔因过度劳累身体明显感觉不适，于是我们和两个孩子一起去什弗勒兹山谷过复活节假期。天气暖暖的，亲人们温暖地聚在身边，皮埃尔的心情很放松，他与两个女儿在草地上游戏，与我谈论着对未来的畅想，这短短两天的假期太美妙了。

回到巴黎，他赶去参加了物理学会的一次会议。他坐在亨利·普安卡雷旁边，两个人谈论了很久有关教学的方法。晚餐会结束之后，我们一起徒步回家，他仍然在继续谈论他的理想，我很赞同他的想法，他看上去很高兴。

第二天，也就是 1906 年 4 月 19 日，他去参加巴黎大学理学院教授委员会会议，会议上他与教授们热烈讨论了委员会方针的制定问题。会议结束，当皮埃尔走到多菲纳街的时候，一辆货运马车从新桥方向驶来，他被撞倒在地，车轮直接辗过他的头，皮埃尔当场死亡。一个如此优秀的人就这样离去了，他身上被寄予的科学梦想也随之破灭。他从乡间采回的水毛茛还在他的房间里生机勃勃地绽放，可是主人却一去不复返了。

Ⅶ 民族的悲痛

皮埃尔的不幸逝世带给我们的伤痛是无法形容的。通过我的叙述，大家可以想象出对于他的父亲、他的兄弟、他的妻子而言，他是多么的珍贵。皮埃尔是一位很有责任感的父亲，他深爱着自己的两个女儿，他喜欢照看她们，喜欢与她们游戏玩闹。两个女儿当时还小，无法体会这场悲剧带给我们的创伤。为了保护孩子不因为这场灾难而产生心理阴影，我和皮埃尔的父亲还要隐藏心中的悲痛。

皮埃尔的突然离世让法国，以及世界各国的科学界大惊失色。巴黎大学的校长、院长们，以及教师们纷纷写来信件表示哀悼；国外的一些科学家也发来吊唁信函。虽然皮埃尔生前在公开场合总是沉默寡言，但是仍然给公众留下了很深的印象，有着很高的威望。从我收到的认识或者是不认识的人寄来的大量信件中，可以看出大家对他的追思。而此时，新闻界也发表了大量的文章来对皮埃尔表示惋惜和悲痛之情。法国的政府也发来唁电。一些国家的元首也以个人的名义发电表示哀悼。这是法国的重大损失，举国上下一同哀悼。

尊重皮埃尔一贯的心愿，丧事从简，我们把他的遗体葬在苏城小墓园的家族墓穴里。没有仪式，没有悼词。只有几位友人前来送他一程。皮埃尔的哥哥对我说："他是个绝无仅有的天才，无人可与之比拟。"

为了完成皮埃尔的遗愿，巴黎大学理学院让我来接替他的教席。我荣幸地担起了他留下的这副重任，期盼有一天可以创建一所他朝思暮想的实验室，让别人可以利用这个实验室来完成他的梦想，以此作为我对他的缅怀。

我的这个愿望已经在慢慢实现了，而这也得益于巴黎大学和巴斯德研究所的共同帮助。镭研所诞生了，内设两个研究室——居里研究实验室和巴斯德研究实验室，主要用来研究镭射线的物理化学特性和生物效用。通往镭研所的那条街被更名为皮埃尔·居里街，以此来纪念这位逝去的科学家。

但是，随着放射学及在医学上的应用发展，镭研所已无法满足实验的需要。一些权威人士也认为法国必须建立一间可以和英国、美国不相上下的镭研所，因为镭疗法在当时已被认为是治疗癌症最有效的办法，一所镭研所的建立迫在眉睫。我期盼在一些慷慨的人士的赞助下，一个设施完备、规模很大、无愧于我们国家的镭研室可以在几年之后诞生（如今，这方面已经有了很大的发展，现在已经创建了一个医学治疗所，由雷戈医生担纲。另外，一个专门组织——居里基金会——已于1921年成立，以便把发展镭研所必需的资金聚集起来。第一笔捐给居里基金会的巨款是亨利·德·罗希尔德医生慷慨捐赠的）。

为了缅怀皮埃尔·居里，法国的物理学会准备出版他的论文全集。该全集由朗之万主编，于1908年正式出版，我为该书做了序。这本全集题材很广，内容也很丰富，真实地展现了皮埃尔的思想精髓。透过这本全集，我们看到的是皮埃尔宽广的视野、精准的实验、清晰的结果，所有内容无可挑剔，实为经典。但是这本书未能展现他的全部才华，他没有用自己科学家的严谨和作家的才情来呈现自己内容广泛的论文，并不是他不想这么做，他其实一直有着自己的计划，只是未来得及付诸实践，因为他的一生都是在与困难做斗争，对此实在无暇顾及。

在这本传记中，我试图追忆一个顽强不屈的追逐自己梦想的人，他高大的形象让我们为之自豪，他有着自己最纯洁的品行和最具天赋的才华，他在默默无闻地为人类科学事业做着贡献。他有着另辟蹊径的顽强信念，他明确地知道自己的使命是什么。早在青少年时期，他的梦想就一直在推着他前行，让他不要墨守成规，让他走上了一条被他称作"反自然"的新路，为了这条路，他放弃了舒适的生活。他的思想和他的欲望完全屈服于他的梦想，而且渐渐走向了一种常态。他只相信科学与理性的力量，他的一生都在追寻真理。在对自然现象的研究中，在对他人及自己的解读中，他从来不会有任何偏见。他淡泊一切名利，对功名利禄从来不曾有过欲望，所以他的身边不曾树立过一个敌人。他用自己的精神力量对他人产生着巨大的影响。

可是又有几人可以知道，这样的生活需要怎样的牺牲精神？无数伟大的奋战在实验室的科学家的生活并不是像常人想象的那样如清新的田园诗一般，它常有的状态就是不停地与艰苦环境和内心的欲望进行艰难的斗争。一个伟大的发现不是随便冒出的，它是科学家没日没夜不停思索的结果。在一项成果问世之前，一定是有过无数次摇摆、无数次犹豫、无数次动摇的，沮丧、失望会时刻贯穿在你的努力中，但是你必须还要继续鼓起勇气，坚持下去。皮埃尔就是如此，他永远充满着信心，不急不躁，尽管他有时候也会对我说："我们选择的生活可真够艰难的。"

但是，我们的社会却未能给予这些卓越的科学家和他们所作出的伟大贡献任何回报。这些追求理想的人不但拥有不了实现梦想的必要条件，而且生活也毫无保障。皮埃尔·居里及许许多多和他一样的科学家，完全可以被称作是"一无所有者"。

我们的社会是个物欲横流的社会，它看不到科学的价值所在，不懂得珍惜自己的精神财富，不清楚科学是造福人类、社会进步的阶梯。社会和个人都没有给予科学家必要的支持与资助，我们的科学家就是这样用自己的年华和精力来与生活抗争、与科学为伴的。

在此，我想引用一下巴斯德的呼吁：

> 如果那些对人类有益的发明创造能够打动您的话，如果您为电报、摄影术、麻醉术，以及其他许许多多的发明感到惊叹的话，如果您认为这些奇异的发明一旦被其他国家抢先占领、您就会感到嫉妒的话，那么，我恳求您对被我们称为实验室的那些神圣的地方多加关心吧。我们恳求增加实验室的数量，呼吁完善实验室的仪器设备，因为它们是未来的圣殿，是财富和幸福的圣殿。人类的发展壮大、人类生活的日益变好，就是源自那里。人类在那里学会读懂大自然的杰作，进步的、宇宙和谐的杰作，而大自然的这些杰作往往又是凶残、疯狂和毁灭性的"杰作"。

我祈祷巴斯德的这番言论可以得到广泛传播，走入每一个人的心里，以便今后那些为人类科学事业奋斗的人们可以不再像今天这般辛苦。

对皮埃尔·居里的评介文章选录

亨利·普安卡雷

（在法国科学院的报告　1906 年）

居里是科学界和法国公认的可以引以为荣的那些人中的一员。他不仅年轻，而且精力充沛，本可以创造出更多更优秀的成绩，他之前做出的那些成绩已经充分证明了这一点。我们不能不感慨，如果他还在世，一定不会令我们失望。他去世前的那个晚上（请允许我讲一讲我自己的回忆），我就坐在他身旁，他滔滔不绝地跟我畅谈他未来的计划和理想，我非常惊讶于他思想的深邃和丰富。无法理解的物理现象在经过他清晰而独特的头脑思考之后，会出现一种新的面貌。从他身上，我感受到了伟大的人类智慧地涌现。但是，仅仅过了一天，这一切在瞬间就完全消失了，我们看到的是残酷无情的现实，任何伟大的思想在各种疯狂的暴力面前都显得这么渺小，不可预知的暴力横冲直撞，我们无法预料它的方向，竟把一切碾压得支离破碎。

他的朋友们和同事们猛然惊醒，他们意识到他们所受到的损失如此巨大，但悲痛远远不止国内你所感受到的。每一位法国人，无论文化水平高低与否，都为自己的祖国和全人类失去了如此光荣的儿子而感到悲痛。在其他国家，很多著名的科学家们也和我们一样感到惊愕和悲痛，并深深地表达了他们对我们的这位同胞的崇高敬仰。

在物理学研究方面，居里思维缜密、心思细致至极，能够去粗存精、去伪存真，能够在别人很可能被引入歧途的错综复杂的谜团中辨别出正确的方向……

那些与居里一样的真正的物理学家们，更善于透过现象看本质。他们既不会主观臆断，也不会只注重事物表面。

所有与他交往过的人都会体会到他的真诚与开朗，他温柔谦和、天真率直、思维敏捷，散发出巨大的魅力。在他的朋友们，甚至对手们面前，他总是礼让三分，他被一些人称为"可悲的候选人"。事实上，在我们的民主政治中，争权夺利的候选者大有人在。谁能看出来如此温和率真的一个人却包裹着一颗坚强不屈的心？他从来不在原则问题上妥协，更不在绝对真诚的道德理想上妥协。这种道德理想也许于我们而言是遥不可及的，但皮埃尔也无法理解我们因软弱而满足的那不值一提的各种惬意和舒适。当然，他并没有把这种理想与科学割裂开来。他用自己的行动向我们证明了高度的责任感可以源自对真理的热爱。个人信仰无关紧要，因为是信心在创造着奇迹，而非上帝。

杰尔内

（法兰西研究院）

"一切为了工作，一切为了科学"，这是对皮埃尔·居里的一生的描述。他的一生，拥有众多伟大的发现，是才华横溢的一生，他因此很快受到了大家的认可和尊敬。正当他的科研工作渐入佳境、即将步入巅峰之际，正当他在继续奋勇向前之际，1906 年 4 月 19 日，一场飞来的横祸，让世人震惊、扼腕，他的研究也戛然而止。

之前种种的荣誉并未冲昏他的头脑，他是我们这个时代的科学史上最了不起的一个人，并且将永远是。他身上那种既不屈不挠又大公无私的对科学忠贞不贰的精神将成为同龄人的楷模。很少有人的一生都能像他那样单纯又让人钦佩。

让·佩兰

（《当月》杂志　1906年5月）

大家都称皮埃尔·居里为大师，而我们很高兴地把他称作我们的朋友。在他如此年富力强之际，他却突然离开。

……

他是一个伟大的天才，真诚、随和、冷静、大胆，任何东西都无法控制他的思想，也无法阻止他奋勇向前，他向我们展示的是一个高大的形象、完美的榜样。我们还要说，他具有崇高伟大的心灵，高尚的品德，聪明又有才华，所有这些闪光点至善至美地结合在了一起。所有认识皮埃尔·居里的人都知道，与他在一起，你就会在他的感染下急于工作、急于研究、急于弄个水落石出。我们将向全世界传播我们的这种感受，希望这是缅怀他的最好的方式。我们可以从他那张苍白却英俊的脸庞上探寻到那种使得每一个接近他的人力量倍增的感召力。

C. 什内沃

（物理和化学学校校友联谊会　1906年4月）

如果你铭记了居里对他的学生们的深情厚爱，你就会明白我们这无法弥补的损失有多么巨大。

很多人对皮埃尔都崇拜至极。对我本人而言，除了我的家人之外，他是我最爱戴的一个人，因为他懂得如何以一种博大的胸怀和细心的爱去关怀我这个毫不起眼的助手。他待人和蔼可亲，他的助手们都非常尊敬他。当实验室里的学生们听到这个噩耗时，没有一个人不泪流满面、悲恸欲绝。

保尔·朗之万

（《当月》杂志 1906 年 7 月）

我无时无刻不在思念着他，想着此刻他该来了，来同我们谈一谈他正在搞的科学研究，回想着我们一起工作的情景，他那温和思考的面容、炯炯有神的眼睛、宽大漂亮的额头，那是 25 年坚持不懈的研究、实验和简朴的生活磨炼出来的。

至今，他在实验室里工作的情景仍历历在目。我与他一起工作了 18 年，从一个胆小、笨拙的新手开始，跟着他学习实验研究。往事不住地浮现，一切似乎都不曾改变，他的身影仿佛就在眼前。

他身边摆满了各种仪器，大部分是经过他自己构思或改进出来的，使用起来驾轻就熟，那双白皙的物理学家的双手动作灵巧，令人望而欲羡。

当我还是一名学生，走进他的实验室时，他只有 29 岁，但在实验室里度过的 10 年实验时光，使他做起实验来如鱼得水。尽管当时的我们才疏学浅、笨手笨脚，但一看到他那副胸有成竹的坚定神态和耐心细致的教导，以及他那腼腆但淡定的表情，我们便多了很多底气，脚踏实地地认认真真地跟着他做起来。在实验室里，我们心情愉悦地工作，总觉得在他身边干活儿充满了无穷的力量。在那间摆满了各种各样的仪器设备的明亮的大教室里，我们常常围在他的身旁向他请教。有时候，他也会让我们同他一起进行特别精细的操作。

我学生时代最美好的回忆就是在实验室里的这段时光，我站在黑板前面，听他兴致勃勃地同我们交谈，激发我们无穷的想象力，点燃我们对科学的无限热爱。他永远充满了探索精神。他知识丰富而扎实，唤起了我们对科学知识的渴求。

我把这几篇文章聚在一起，算是我献给皮埃尔的礼物，以表达我对他的敬仰之情，也希望可以让大家看到一个高尚、伟大的科学家的光辉形象。

皮埃尔为我们做出了榜样，他仿佛是一名先知，在追求真理的路上无所畏惧地前行。如果我们可以像他一样，以自己的理想激励自己前行，以顽强的毅力坚持对真理的追逐，脚踏实地地把理想作为自己生活的唯一目标，那么，我们每一个人都可以实现自己的理想。